ÉPONINE,

ou

DE LA RÉPUBLIQUE.

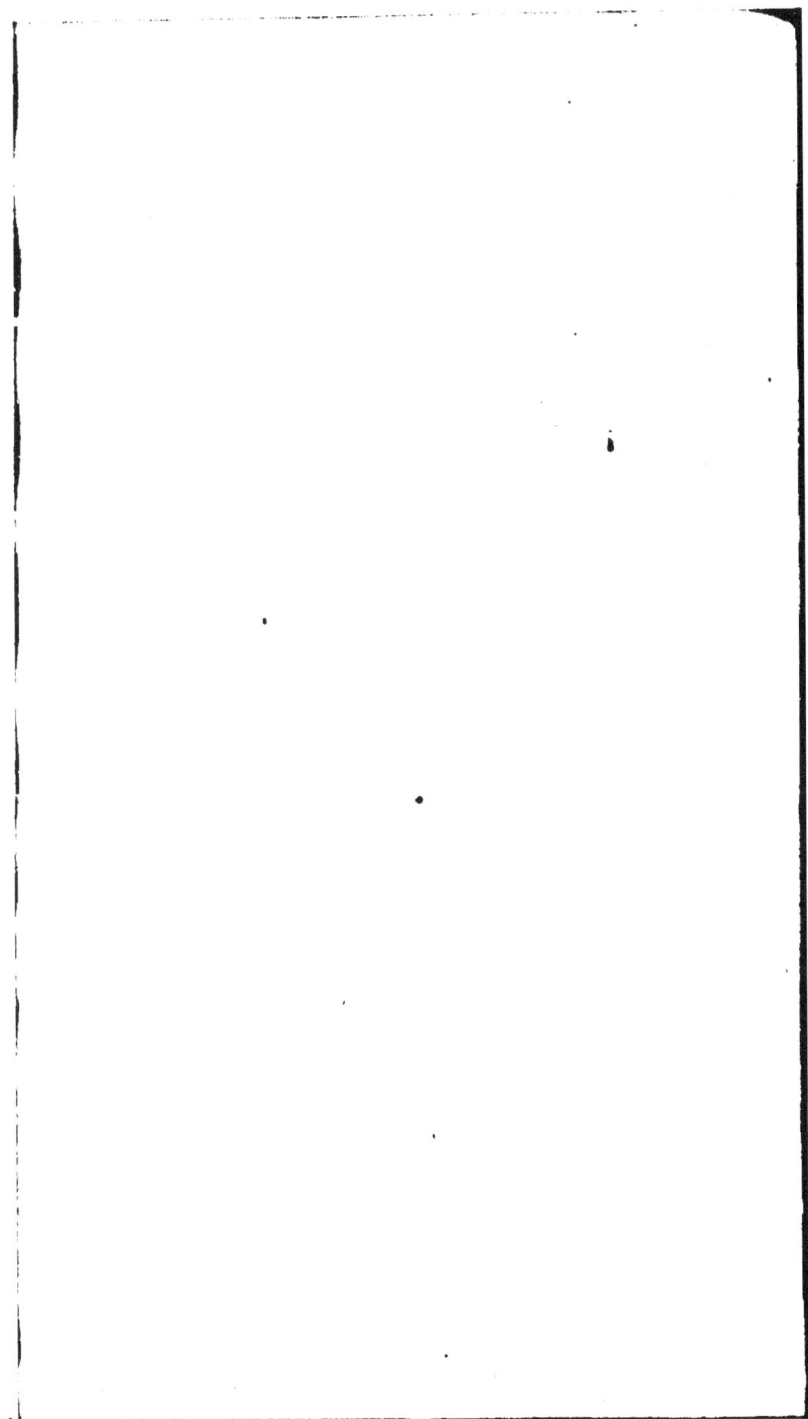

ÉPONINE,

OU

DE LA RÉPUBLIQUE,

OUVRAGE DE PLATON,

DÉCOUVERT ET PUBLIÉ

PAR L'AUTEUR

DE LA

PHILOSOPHIE DE LA NATURE.

NOUVELLE ÉDITION,

enrichie de gravures et augmentée de plusieurs
volumes.

TOME III.

A PARIS.

1793.

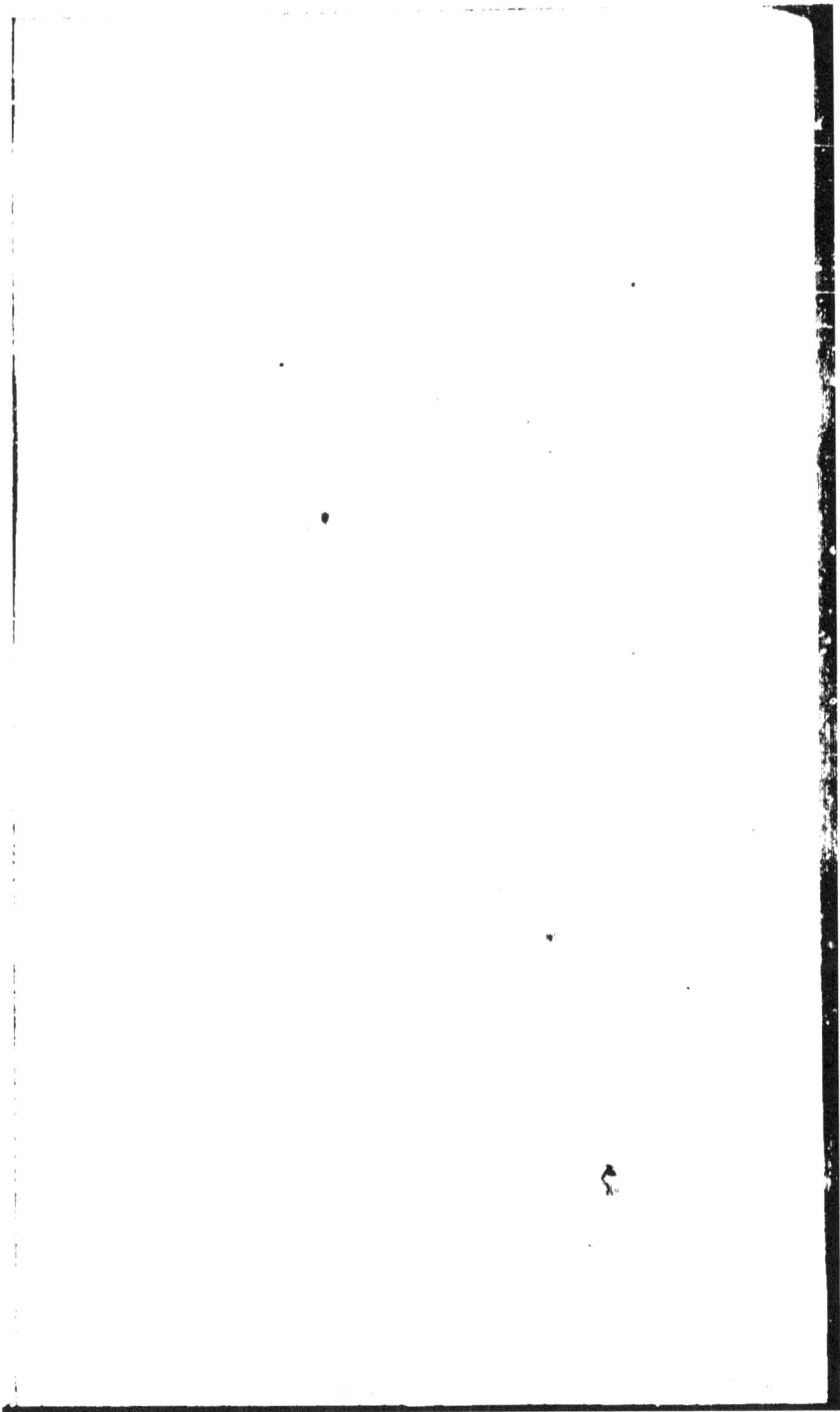

ÉPONINE.

CHAPITRE XXIX.

PRÉLIMINAIRES
A LA THÉORIE DE L'INSURRECTION.

Un long silence de stupeur succéda à la lecture de la seconde lettre de Zima ; Éponine, malgré le grand empire qu'elle avait sur elle même, n'avait pû la soutenir que d'une voix altérée ; et quand elle s'était vue obligée de prononcer le mot qui la termine, comme si un nuage avait tout-à-coup enveloppé ses yeux, elle l'avait balbutié, en changeant de visage.

L'EMPEREUR.

Eh bien ! mon cher Platon, la voilà donc cette révolution Française, qui devait servir de modèle à l'Europe ! on dirait qu'elle n'a consisté jusqu'ici , qu'a mettre les attentats de la licence , à la place des abus du pouvoir absolu , à faire d'un peuple aveugle et effrené le juge suprême de la loi , et à assimiler la cause des Sages , avec celle des régicides.

LE PHILOSOPHE.

Je suis loin , Sire , de justifier une nuit de sang et d'horreur , que le service , rendu au genre-humain par vingt loix bienfaisantes , pourra à peine expier. Je me croirais au dessous même des Cannibales , dont a triomphé votre sœur , si j imaginais qu'une insurrection pour la liberté a besoin d'être cimentée par des crimes : si je voyais dans l'assassinat des Rois , un moyen de donner une Patrie , aux peuples dégénérés de l'Europe.

Cependant je croirais calomnier une nation grande et généreuse , si je pensais qu'elle a provoqué la nuit des régicides , ou si seulement je l'en rendais complice par son silence.

N'en doutez pas , Sire , on percera la nuit profonde de cette conjuration infernale; on en punira avec éclat , soit les agents invisibles , soit les vils instruments ; un des héros Grecs , de qni on me fait descendre , en aurait juré par son combat de Marathon ; moi j'en jure par l'honneur Français , qui s'est montré sans nuages depuis le berceau de la monarchie , et qui survivra à sa dissolution.

Et si , par une fatalité , a laquelle le cours de tant d'évènements étranges pourrait amener , les dépositaires des loix , sous prétexte de ne point faire le procès à la révolution , conspiraient eux mêmes a épaissir le voile qui couvre ce grand attentat , l'histoire , qui s'indigne de toute politique , viendrait le déchirer ; elle dénoncerait à la fois à la justice des siècles , et les chefs des régicides , et leurs obscurs complices , tous les plus vils des hommes, après les juges faibles et prévaricateurs , qui n'auraient voulu ni les connaître , ni les punir.

l'EMPEREUR.

Il est très incertain , que les représentants de la France ayent le courage de frapper des conspirateurs, qui tendaient a les délivrer , même d'un simulacre de Souverain.
Le machiavélisme ne trouverait plus de satellites , si , comme le Dieu d'Israël , il
laissait exterminer Sennachérib, après s'en
être servi comme instrument de ses vengeances.

Mais quelle est donc cette révolution ,
que la raison a fait naître , et dont la raison
est obligée de désavouer les fruits ? où le
pouvoir rencontre si peu de têtes , quand
il s'agit de protéger la loi , et le crime tant
le bras , quand il s'agit de l'anéantir ?

Platon , Platon ! tu as trop de confiance
dans l'avènement des lumières; crois qu'elles organisent moins les États , qu'elles ne
manifestent les bévues de ceux qui les gouvernent. Elles ressemblent à mon gré au
feu ; c'est un élément dont le Sage seul
doit être dépositaire ; pour un Prométhée
qui l'employe à vivifier une statue , il y a

cent insensés, qui le font servir à embrâser l'univers.

LE PHILOSOPHE.

Vous venez, Sire, de découvrir à la
France le secret de sa faiblesse. Les lumières ont amené son insurrection, mais la
plupart des législateurs dont elle a fait
choix, n'ont pas eu le génie de la diriger.
De là l'empire que les factieux ont pris sur
ses gens de bien ; de là tant de crimes à
coté des plus belles loix : de là tant d'in-
cendies de châteaux pour protéger les propriétés : tant de proscriptions, tant d'assassinats, pour conserver à l'homme, ses
droits de citoyen.

Mais la raison est plus forte que les hommes qui la repoussent, où même que ceux
qui l'embrassent pour l'étouffer ; tôt où
tard elle subjuguera en Europe soit ses a-
mis perfides, soit ses détracteurs. Si la
France avait eû plus de Sages pour protéger le berceau de sa législation, elle aurait prévenu les attentats qui l'ont desho-

A 3

norée ; mais ce qu'elle n'a pú prévenir ,
la philosophie de l'age suivant sçaura le
réparer.

L'E M P E R E U R.

Et tu crois , bon vieillard , que dans un
État cangréné par un luxe dépravateur ,
les grands attentats politiques , résultat
inévitable de la décadence des mœurs , se
préviennent où se réparent ?

LE P H I L O S O P H E.

Oui , Sire , lorsque la majeure partie de
la nation a subi l'influence des lumières.

L'E M P E R E U R.

Ainsi la raison calme et froide de quelques Sages aurait fait avorter dans son germe le complot de la nuit des régicides !

LE P H I L O S O P H E.

Si l'Assemblée Nationale avait été múre
pour la nuit des sacrifices , il n'y aurait
point eú de nuit des régicides.

L'Empereur.

Malheur à une nation qu'il faut imprégner en masse du torrent des lumières, pour la rendre libre et grande ! si la France à besoin de douze cents Sages pour la régénérer, il est évident qu'elle ne le sera jamais.

Le Philosophe.

Assurément la France ne comptera jamais, parmi ses hommes d'État, douze cents Lycurgues ; mais si elle est frappée en masse par les lumières, elle sçaura se régénérer, même sans compter aucun Lycurgue parmi ses législateurs.

C'est l'opinion publique, Sire, formée par la tradition, soit orale soit écrite, des philosophes, qui a commandé impérieusement l'insurrection Parisienne ; c'est elle qui a fait tomber les tours des prisons d'État ; c'est elle qui assise, dans l'Assemblée Nationale, sur le fauteuil du Président, a prononcé le petit nombre de décrets sublimes qui honoreront à jamais le

A 4

nom Français, dans la mémoire des hommes.

Ainsi, quelques soyent les élémens qui entrent dans la composition d'une Assemblée de représentants Français ; que ce soit un sénat d'automates, ou un Aréopage, dn moment que la nation entière a reçu l'impulsion des lumières, il faut que tôt ou tard l'État ce revivifie ; ou à la façon de Socrate, sans qu'aucune goute de sang répandue dépose contre les passions des régénérateurs ; ou à la façon de Machiavel, en amenant un nouvel ordre de choses, avec des inquisitions d'État, des proscriptions, et une nuit des régicides.

Combien je regrette par exemple, que les lumières éparses, sur tous les points de la France, n'ayent pas eû un foyer autour du trône, à l'époque de l'irruption des Cannibales ! alors le Roi serait resté libre, les législateurs n'auraient point à rougir de leur impuissance, et la nation marcherait à la gloire sans remords.

L'EMPEREUR.

Platon , depuis long-tems , est maitre de
mon entendement comme de ma pensée ;
mais ici , je l'avouerai , sa théorie me confond ; je ne sçaurais concevoir comment ,
dans le sommeil de la force publique , lorsque des législateurs sans génie prenaient
pour le thermomètre de l'Etat le cours a-
veugle des événements , quelques rayons
de lumières , concentrés autour d'un trône humilié et sans pouvoir , auraient pû
prévenir les crimes de la nuit des régicides.

LE PHILOSOPHE.

Il est vrai , que ce moyen n'est pas tout
à fait énoncé dans l'évangile des Rois ; il
s'agit d'une insurrection contre le pouvoir
légitime ; d'une insurrection que la raison
devait prescrire , et la loi proscrire ; d'une
insurrection qui faisait marcher ses agents
à la gloire , et à la mort.

Et , par une bizarrerie que la philosophie
seule peut expliquer , cette insurrection
de héros que le monarque désavouait ,

devenait son rempart contre celle des régicides.

Je parle un peu la langue énigmatique
des oracles, au Souverain, que j'ose initier
dans les mystères de la haute philosophie.
Je vais, pour me faire entendre, remonter
aux principes primitifs, et développer ma
théorie de l'insurrection, si nécessaire à
l'organisation des loix , quoique jusqu'ici
inconnue à tous les législateurs. —

En ce moment une des Archiduchesses
entra ; elle tenait un papier à la main et
paraissait émue ; l'Empereur saisit sa main
pour la baiser , et elle pressa celle du Prince contre son cœur. La fille du philosophe,
voulut par respect se retirer : non restez ,
dit-elle, je vais faire prononcer à mon frere
un nouveau jugement de Salomon : je veux,
si sa grande ame hésitait , qu'elle soit ra-
menée à la vérité par un regard d'Éponine.

Tout le monde était dans l'attente : la
surprise redoubla quand la Princesse , ayant
fait lire à l'Empereur le papier qu'elle agi-

 tait dans ses mains tremblantes , il se trouva que c'était un arrét de mort.

Ma sœur , dit Joseph , votre sensibilité
en impose ici à votre justice ; cet arrét
n'est point de nature a étre réformé; il s'a-
git d'un militaire qui , du poste où la loi
l'a placé , ponr protéger la discipline , met
son Colonel à mort. Le Conseil de Guerre ,
qui l'a condamné a étre fusillé , n'est que
trop indulgent ; je vais signer la sentence —

Arrétez mon frere , sçavez vous de qui
vous allez ordonner la mort ? —

Je n'ai pas voulu lire son nom dans l'arrét , affin d'avoir la liberté de n'étre que
juste : quand j'aurai signé , vous me direz
quel est le coupable ; alors peut-étre , s'il
m'a été cher , je verserai quelques larmes
sur sa mort. —

Non ; c'est ici que le Souverain doit juger
l'homme , quand la loi n'a jugé que le délit.
L'infortuné est ce méme soldat Autrichien ,

que vous fîtes crucifier dans la forêt de Belgrade , et qui , devenu officier de vos Gardes , veille à votre sureté , et à la notre dans
ce château de Laxembourg ——

Ce mot a flétri mon ame : et je suis
tenté de répéter le blasphème de Brutus. A
la vertu de qui désormais dois-je me fier? ——

A la sienne , mon frère. ——

A sa vertu ! et il s'est rendu coupable du
plus odieux assassinat , presque sous les
yeux de son bienfaiteur ! Sage vieillard , et
vous noble Eponine , venez m'apprendre à
rejetter de mon cœur l'homme de sang
qui a surpris ma tendresse. ——

Eh ! voyez, mon frere, leur silence se rendre garant de sa vertu... nous avons tous
trois une grace a vous demander : avant
de signer la sentence du Conseil de Guerre,
daignez m'entendre. ——

J'y consens : mais songez que vous ne
prolongerez pas sa vie , s'il m'en coute
des remords ——

L'infortuné, vous le sçavez, avait un fils
simple soldat dans vos Gardes, que vos
bienfaits venaient de mettre a portée d'é-
pouser son amante ; son Colonel est devenu épris de cette jeune villageoise, et
n'ayant pû la corrompre, il l'a enlevée ; l'é-
poux s'est rendu chez le ravisseur ; alors
une querelle violente s'est élevée, soutenue d'un côté par l'orgueil de la naissance,
de l'autre par celui de l'honneur : de pareils orgueils ne plient jamais. Le soldat est
sorti pour vous demander vengeance, son
Colonel l'a suivi ; et au moment ou il pas-
sait au poste de l'officier de Belgrade, il a
ordonné a ce dernier de faire feu ; HOMME
FÉROCE ; a dit l'infortuné, C'EST MON FILS.
Le Colonel ne se possédait plus ; yvre de
jalousie, et de rage, il lui est échappé ce
mot terrible ; FRAPPE, OU MEURS ; alors l'officier a frappé ; mais le ciel a été juste, et
c'est le Colonel qui est tombé mort à ses
pieds. —

A la fin du récit de l'Archiduchesse, la
sentence du Conseil de Guerre, échappée
involontairement des mains de l'Empereur,

etait tombée à ses pieds , et personne nĕ s'empressait à la ramasser ; il subsistera cependant , dit le Prince , ce monument terrible de la discipline militaire ; le Conseil de Guerre a bien jugé ; s'il avait été philosophe, mes soldats se seraient permis d'interpréter la loi , sous laquelle ils ne doivent que fléch..r ; les armées de l'Empire, dont l'obéissance passive est le nerf , tendraient à se dissoudre , et je compromettrais la sureté de mes Couronnes.

L'Archiduchesse pâlit ; Eponine baissa les yeux , craignant de rencontrer le Prince, qu'elle avait nommé plusieurs fois Marc-Aurèle ; le philosophe seul, accoutumé a ne juger les hommes extraordinairès que d'après lui même , attendit d'un front calme le dénouement de cette aventure.

Mais , ajouta l'Empereur , le brave homme , à qui je dois de ne pas mourir , sans avoir réparé un grand crime , n'est point fait pour subir le dernier supplice ; je sens trop, au trouble de mon cœur, que s'il a commis un grand délit dans l'ordre social, il en est suffisament absous au tribunal de la nature.

Heureusement le meurtre a été commis dans l'enceinte de mon château ; j'y ai seul droit de vie , et de mort , comme un père de famille dans l'ancienne Rome , l'avait sur ses enfants : quelque soit le jugement qu'on y porte , il n'a d'éxecution que quand j'ai signé la sentence.

Je maintiendrai donc la discipline , en ne cassant pas l'arrêt du Conseil de Guer-1e , et je prouverai mon respect pour la morale ; en lui refusant ma signature.

Mais ma justice n'aurait qu'un effet illu-soire , si je ne dérobais pas le vertueux in-fortuné à la vengeance de quelques jeunes officiers de ma Garde , qu'il a rendus or-phelins.

Mon cher Platon , et vous généreuse E-ponine, votre projet est de vous rendre en France , lorsque je ne serai plus : ce mo-ment n'est pas loin ; je sens que tout échap-

pe à mon ame qui s'affaisse , excepté
ma tendresse pour ma sœur, et le sentiment de votre vertu, permettez qu'il vous
accompagne dans une contrée qui vous
est inconnue, où vous aurez peut-être besoin sinon de ses lumières , du moins de
sa bravoure. Je lui conserve son activité
dans le Service, et ses appointements : en
attendant , je l'éxile dans l'appartement
que vous occupez près de moi , au château
de Laxembourg.

Ce jugement amena le tableau le plus
touchant. L'Archiduchesse pleurait dans
les bras de son frere ; Eponine , tombée
involontairement à genoux , lui tendait les
bras comme à son Dieu tutélaire ; et le
philosophe plus tranquille en apparence ,
mais non moins ému , disait a demi-voix à
sa fille : voilà les derniers accents de Ger-
manicus ; un pressentiment, que je ne puis
vaincre , m'annonce que le ciel me condamne a lui survivre.

Quand l'effet de cette scène pathétique,
commença à s'affaiblir , Joseph désira de
renouer

renouer le fil de l'entretien sur la philosophie de l'insurrection : ce fil , Sire , dit le
Sage , n'a jamais été coupé un seul moment ; et depuis l'arrivée de votre auguste
sœur , nous n'avons cessé de nous occuper des bases de l'insurrection.

Ainsi , dit le Prince , quand notre infortuné pour sauver son fils , mettait à mort
son Général , il était hors de la Société ;
il se trouvait en insurrection.

Sans doute , Sire , repartit le philosophe ; et lorsque vous avez prononcé le beau
jugement qui satisfait à la fois l'homme de
la nature , et l'homme social , votre raison
profonde a pressenti la solution d'un des
plus beaux problèmes sur l'insurrection.

Ce jugement d'autant plus mémorable ,
que , vous écartant de l'exemple des Rois
vulgaires de l'Europe , vous n'avez point
avili , par des lettres de grace , l'homme
juste que vous rendiez à la vie : ce jugement , dis-je , renferme peut-être aussi le
germe d'une théorie , que vous attendez

Tome III.   B

de ma longue expérience , sur la nuit des
régicides.

Mais permettez moi de ne point encore
tirer parti de votre sufrage , pour la grande question de morale qui nous occupe ;
soulfrez que je remonte aux élémens , et
surtout que je vogue , la sonde de la philo-
phie à la main , au travers d'une mer orageuse , qui n'est encore connue que par
les naufrages de ses navigateurs.

CHAPITRE XXX.

DU DOGME PHILOSOPHIQUE

DE

L'INSURRECTION.

Un orage affreux enveloppait alors la nature expirante : il venait attrister la fin de l'automne, et c'était le dernier dont il fut donné à l'Empereur d'être témoin, avant de rendre sa dépouille mortelle aux élémens. Le Prince lui même semblait le pressentir : car dans un moment, où le fracas du tonnerre redoublait, voyant l'Archiduchesse tremblante qui se pressait sur son sein : ma sœur, lui dit-il, avec une émotion qu'il tâchait en vain de dissimuler, la guerre est dans le ciel : mais la paix va la suivre ; et cette paix, que m'annonce l'affaissement de mes organes, ne finira jamais pour moi:

B 2

La Princesse , toute entière à l'effroy
que lui inspirait l'orage , n'entendit pas ces
sinistres adieux : elle était déjà sans connaissance , et Éponine , pour la rendre à
la vie , fut obligée de la porter dans un autre appartement.

Le péril était passé pour l'Archiduchesse , et le tonnerre grondait encore avec
plus de fureur : philosopie , dit l'Empereur en souriant , la discorde règne dans la
nature : voilà un moment favorable pour
traiter la question philosophique de l'insurrection.

J'attendais aussi , répondit le vieillard ,
que nous fussions tout-à-fait seuls : il est
des dogmes , dans la morale des gouvernemens , dont l'austérité est telle , que le Sage , jusqu'au moment où le genre-humain
serait assez mur pour les adopter , vou-
drait les cacher à toute la terre et peut-être
à lui-même.

J'ai long-temps étudié le dogme si neuf
de l'insurrection : j'en voulais faire une

des bases de ma République ; et si , en vous exposant mes idées , je.m'élève quelque fois à une hauteur que comporte rarement un simple entretien , c'est que plein de mon sujet , je me contenterai alors d'analyser mon ouvrage.

Il me semble , Sire , que dans le monde moral , comme dans le monde physique , il n'y a qu'une loi qui protège l'existence des êtres : c'est celle , qui , quand ils sont mal , les fait tendre à être mieux.

L'homme physique est il malade ? une crise bienfaisante se prépare lentement dans ses veines : et quand l'intempérance ou la médecine ne le tuent pas , la nature le guérit.

L'homme social s'inquiète malgré lui de tout ce qui rend son existence pénible , et il rétablit l'harmonie dans la Société , ou bien il se jette hors de la Société.

Un Empire n'a pas une autre destinée que l'homme individuel ; l'état de dégénération est pour lui un état contre nature ;

B 3

il faut qu'à la longue il tombe , ou qu'il se
débarasse de tout ce qui circonscrit son é-
nergie : qu'il reprenne un nouvel être par
la régénération , ou qu'il soit tué par la
conquête.

L'age d'une monarchie annonce au philosophe , si la crise qui termine sa dégénération , est une tendance au mieux ou à
la mort ; lorsqu'abrutie par un long esclavage , elle joue avec ses chaînes , il est évident qu'elle a perdu le sentiment de son
existence : mais si , avec des organes plus
vigoureux , elle lutte contre tout ce qui
l'empéche d'étre elle-même, elle ne tardera pas à puiser de nouveaux principes de
vie ; si elle pèse avec douleur ses chaînes,
elle ne tardera pas à les briser.

L'univers social n'a pas d'autres élémens.
Depuis que la découverte de l'imprimerie
a propagé la pensée , tout y multiplie les
crises qui l'améliorent; le mouvement que
l'opinion lui imprime, tend à le débarras-
ser des gouvernements cangrénés qui trou-
blent son harmonie , comme le mouve-

ment de rotation du Soleil sur son axe ,
débarrasse cet astre, des Taches qui affai-
blissent sa lumière.

Si cette tendance de tout ce qui est mal,
à désirer d'être mieux , est une des loix
primitives de la nature , aucune institution
humaine , eut-elle une Révélation pour appui , n'a droit de la contrarier.

De là il suit que l'homme social peut
conjurer contre la loi positive qui le courbe vers la fange , armé de la loi naturelle,
qui lui rend l'attitude du commandement.

Il en résulte aussi que les hommes d'É-
tat , qui ont le besoin généreux de se faire
une Patrie , ont le droit de conjurer contre
les institutions perverses , qui consacraient
une double tyrannie de la part du trône et
de la part de l'autel.

Et quand l'atmosphère des lumières a-
chevera d'envelopper l'Europe , ses États
régénérès auront le droit de conjurer , a-
vec leurs institutions philosophiques , contre les Codes de sang , qui infestent le res-

B 4

te de l'univers : et cette conjuration pacifique, qui ne tend qu'à améliorer le genre
humain, expiera peut-être le crime de ces
conjurations à main armée contre le repos
des peuples, si connues sous le nom de conquêtes et de Croisades.

Pardon, Sire, si le mot de crime m'est
échappé, en parlant des conquêtes ; je suis
loin de chercher à flétrir le conquérant de
Belgrade : ce n'était point pour faire changer de fers aux Ottomans, mais pour les
rendre libres et heureux que vous leur déclarâtes la guerre : vous conjuriez contre
les abus de leur gouvernement insensé,
plutôt que contre leur repos ; l'unique erreur que l'histoire vous reprochera, c'est
d'avoir tenté avec les armes, ce qu'il ne
fallait tenter qu'avec les lumières ; encore
est-ce moins votre faute que celle du siècle : le peuple régénérateur n'était pas assez
mûr pour tramer une si belle conjuration,
encore moins le peuple à régénérer, pour
en recevoir le bienfait.

Affin de ne point dénaturer la grammaire de la raison ; il faut donner le nom d'insurrection à toutes les conjurations qui tendent à améliorer l'homme , la Patrie et l'univers.

Alors le mot odieux de rébellion restera consacré à désigner toutes les atteintes violentes portées aux loix d'un pays , par les factieux dont elles éclairent la perversité.

Cette ligne de démarcation , si essentielle au repos du genre-humain , n'a encore été posée par aucun législateur.

On a vu les fanatiques et les despotes flétrir du même nom de rébellion , toute résistance soit au pouvoir légitime , soit aux crimes du trône et du sacerdoce.

D'un autre côté , les fanatiques de la liberté Française décorent aujourd'hui également du nom d'insurrection , et les fruits du courage et ceux de la licence; ils appellent à la même gloire les hommes généreux qui se sont créé une Pattie , et les héros abominables de la nuit des régicides.

Cependant , malgré les nuages répandus à dessein sur cette base des gouvernemens , il est évident que , soit du côté des principes , soit du côté des effets , une barrière éternelle sépare une insurrection généreuse , du crime de rébellion.

L'insurrection ne se manifeste que dans l'absence des loix , ou du moins durant leur sommeil : la rébellion frappe tantôt la loi , tantôt le dépositaire de la loi ou le législateur.

L'homme vertueux s'élève un moment contre l'autorité , pour la rendre ensuite respectable à jamais : le factieux se révolte contre elle , pour l'anéantir et régner à sa place.

Tous les deux conjurent , pour changer un gouvernement où ils sont mal : mais le premier ne veut que substituer l'harmonie de la nature à un mauvais ordre social : l'autre veut substituer le despotisme de ses passions à l'empire raisonné de la Société et de la nature.

L'insurrection s'annonce avec l'esprit de
paix , résiste au despotisme , parce qu'il
anéantit la paix , et ne prend les armes
que pour forcer ses ennemis à la paix.

La destruction , le ravage et la mort ,
sont l'élément de la rébellion ; elle ne s'ar-
rête que lorsque le Pouvoir n'est plus , ou
qu'elle même est punie de ses crimes.

Toute cette théorie a été jusqu'ici em-
brouillée , méconnue , parce que la plupart des législateurs étaient presqu'aussi
barbares , que les peuples qu'ils voulaient
civiliser , et que ceux qui ont eu du gènie,
se sont défié de l'ascendant des lumières
sur la multitude.

Ils n'ont pas vu qu'il existait deux lé-
viers , avec lesquels l'homme supérieur
pouvait remuer le monde social , le Pouvoir et la raison.

Ils se sont contentés d'organiser le Pouvoir , parce que c'était la seule force qui
frappât l'homme , au berceau des Sociétés ,
et quand ce Pouvoir se trouva assis sur le

trône, siégeant dans un Sénat, ou errant
parmi les flots du peuple dans une place
publique, ils créérent, pour le rendre respectable, le crime de lèze-majesté; ils vou-
lurent qu'il fut sacré non-seulement pour
l'audace, mais encore pour la raison.

Et tel a été, à cet égard, le despotisme
des législateurs, que, quelqu'insensés que
pussent être leur Codes, ils ont exigé des
peuples une obéissance passive au Pouvoir
chargé de les faire exécuter.

Moyse est venu : il a eu l'insolente franchise de dire aux Hébreux : je vous ai donné des loix qui n'étaient pas bonnes ; et
en même temps, il a voulu que le fer, le
feu, et tous les supplices les plus recher-
chés, fussent la sauve-garde du Pouvoir,
qu'il confiait aux chefs du Peuple Saint et
à ses Pontifes.

Cependant il pouvait se trouver, même
parmi des hordes barbares, quelques hommes courageux, qui, s'indignant des chaînes que leur forgeait le Pouvoir, se per-

mettraient d'examiner s'il avait le droit de créer le juste et l'injuste , et de mettre en contradiction la loi et la nature.

Alors plusieurs législateurs ont fait intervenir le ciel , pour sanctionner les jeux sanglants ou stupides de leur imagination : Moyse a dit : Jéhovah m'a parlé au milieu de la foudre et des éclairs , sur le Mont-Sinaï ; Sertorius a eu la faiblesse d'attribuer son Code à sa Biche , Mahomet à son Ange Gabriel , et Numa à son Égérie : et ce Globe , après quelques siècles , a vu qu'il lui était impossible de secouer le joug des mauvaises loix , parce qu'il s'était laissé imposer le joug bien plus terrible encore des Révélations.

Ce double fléau n'aurait point parcouru la terre , si , depuis environ cent siècles que nous la connaissons par les monumens de l'histoire , les fondateurs de la Société avaient fait marcher d'un pas égal la raison et le Pouvoir.

Cet oubli de la raison était d'autant plus

étrange , que tout législateur avait été o⁰
obligé de la consulter , pour organiser le
Pouvoir.

Il était d'autant plus injuste , que c'était
condamner les peuples , à l'avènement des
lumières , à faire divorce avec leur intelligence , pour n'être point forcés à l'attentat sublime d'abbatre le Pouvoir..

Nous marchons , Sire , à pas précipités ,
vers les résultats de notre théorie. C'est en
dissipant peu-à-peu les nuages , entassés
par les préjugés politiques et religieux ,
que nous verrons le grand jour de la vérité éclairer par dégrés la scène, ou j'ai placé la révolte et l'insurrection.

Le fil de mes principes conduit à établir
que , malgré l'impéritie des législateurs et
l'hypocrisie des oracles , la raison seule
peut juger en dernier ressort , et les loix et
les religions.

Ainsi, quand un Code politique ou un
culte sacré ne peuvent soutenir les regards
de la raison , le Pouvoir qui les protège est

une insulte à la nature humaine , et s'il y a
du péril , il n'y a du moins aucun crime à
les renverser.

Cette théorie est sévère , sans doute ,
mais elle n'entraîne ni assassinats , ni
guerres , ni anarchie , parce qu'elle ne permet de frapper les premiers coups à un
Pouvoir usurpateur qu'avec les armes pa-
cifiques des lumières.

Et quand on s'allarmerait des suites de
la résistance au Pouvoir , il n'en est pas
moins vrai qu'il existe dans la nature de
l'homme social , un droit inaliénable qui
légitime l'insurrection.

Ce droit lui vient de ce que sa raison lui
indiquait le besoin des loix , avant qu'il y
eut des loix , de ce qu'avant qu'il existât
un Pouvoir , il avait une intelligence.

J'ajouterais encore une autre considération non moins philosophique , si , traîné
à un tribunal de sang , pour avoir résisté à
un Pouvoir oppresseur , j'étais contraint
de descendre à cette apologie :

« Lorsque mon intelligence , en se dé-
» veloppant , m'a ouvert les portes de la
» Société , je me suis engagé , avec la Pa-
» trie , à la protéger de ma force indivi-
» duelle , à condition qu'elle me protége-
» rait de toute la force publique dont elle
» est dépositaire ; ou ce contract n'a point
» été dressé , et alors vous n'aviez rien à
« me commander : ou après l'avoir été ,
« vous l'avez violé , et alors , j'ai eu le droit
« de vous désobéir.

» Il était stipulé , du moins tacitement,
» dans ce contract , que tout ce que je
» tiens , soit de la nature, soit de mon tra-
» vail , soit des conventions sociales , se-
» rait respecté ; or , y eut-il jamais pour
» moi de propriété plus pure que celle de
» mon intelligence , que des tyrans politi-
» ques et des brigands sacrés veulent me
» ravir ?

» Des esclaves-nés , pourront me dire ,
» que la Loi Royale empêche le Danne-
» marck d'appartenir à lui-même , qu'un
» Monarque Espagnol ne tient que du ciel

» sa couronne ; que je dois me prosterner
» devant l'Eunuque Ottoman , qui , après
» avoir tenté de deshonorer mon Époni-
» ne , vient me demander ma tête : et
» il sera interdit à ma pensée de se jouer
» de pareils sophismes ! Des Pontifes im-
» posteurs me soutiendront qu'un Dieu
» est mort , et que le grand Lama est im-
» mortel ; et je ne pourrai , sans exposer
» ma vie , foudroyer de pareils blasphêmes
» dans ma République !

» Il est vrai que j'ai résisté au Pouvoir,
» lorsqu'il m'a ordonné d'être absurde et
» méchant ; mais c'est parce qu'antérieu-
» rement à toutes les conventions sociales,
» la logique prescrivait à l'homme de rai-
» sonner juste , et la conscience , de ne cé-
» der qu'à la vertu.

» J'ai rempli mes conditions , dans le
» pacte que j'ai fait avec ma Patrie , en
» consacrant ma tête à l'éclairer , et mes
» bras à la défendre ; mais la Patrie a vio-
» lé les siennes , en voulant flétrir mon
» ame et mutiler mon intelligence.

Tome III.

» Le Pouvoir ne m'a pas laissé le tems
» de fuir une Patrie qui dévorait ses ci-
» toyens ; il m'a fait un délit de n'avoir
» point prostitué ma pensée : le Contract
» Social une fois rompu , nous étions deux
» ennemis en présence ; il n'y avait entre
« lui et moi , ni magistrat ni médiateur :
» je l'ai puni par mon insurrection ».

Telle eut été , Sire , la substance de mon
apologie , si , flétri par un Aréopage prévaricateur , pour avoir été homme plutôt que
citoyen , j'avais préféré la lutte utile de la
raison contre le Pouvoir , à la stérile gloire de boire , dans une prison , la Ciguë de
Socrate.

L'insurrection est donc , par sa nature ,
un acte légitime ; elle annonce que s'il
existe , dans un État , un Pouvoir essentiellement pervers , il sera éclairé par des
hommes plus que citoyens , qui indique-
ront à la nation les moyens de le renverser.

Cette doctrine , je le sais , contrarie tous
les préjugés , avec lesquels une centaine

d'individus couronnés gouvernent la terre; mais s'il fallait citer des autorités dans u- ne matière où la raison n'a besoin que de son suffrage , je trouverais , en rassem- blant quelques traits épars , dans l'histoire Grecque, que plus d'un homme de génie, dans l'antiquité, a, si non enseigné , du moins pressenti , le dogme philosophique de l'insurrection.

Lorsque l'on demandait à Solon quel était le meilleur gouvernement , et que ce grand homme répondit : celui où chaque citoyen regarde l'injure faite à ses concitoyens comme la sienne , et la venge : était-il pos- sible de se méprendre sur le sens de ce mot sublime ? le législateur d'Athènes ne met- tait-il pas évidemment la nature en oppo- sition avec la loi ? en légitimant , de la ma- nière la plus solemnelle, la vengeance pu- blique , ne disait-il pas, en d'autres termes, que quand le Pouvoir est oppresseur , la vertu a droit de conjurer pour l'anéantir ?

Les antiques institutions de la Crète , manifestaient encore plus clairement la

C 2

justesse de cette doctrine ; nous apprenons,
par le célébre précepteur d'Alexandre ;
qu'elles autorisaient le peuple , quand ses
magistrats tendaient à la tyrannie, à les
chasser avec ignominie de la place publique : ici la résistance est consacrée par la
loi , tandis que , dans l'anecdote précéden-
te , elle ne l'est que par le sufrage d'un
grand homme.

Au reste, i faut dénaturer l'idée de gloire , et renverser de leurs bases une foule
de statues , qui sont en possession de nos
hommages , si , à chaque pas qu'on fait
dans les monumens de l'histoire , on ne
rencontre pas des héros de l'insurrection.

N'est-ce pas dans cette classe qu'il faut
mettre ces hommes magnanimes , qui ont
arraché leur pays à un pouvoir prévaricateur , les Dion , les Brutus et les Pélopi-
das ? Ceux qui , pour maintenir la Patrie
debout , ont fait taire le cri le plus impérieux de la natnre ; ce Timoléon , qui é-
gorge son frere , pour assurer à Corinthe
son indépendance ? ce Virginius qui , le

couteau teint du sang de sa fille, appelle Rome à la destruction du Décemvirat: ce Caton d'Utique qui, ne voyant autour de lui que des esclaves, répond à César qui lui offre sa grace, en se déchirant les entrailles ?

Et ces héros des ages modernes, que la reconnaissance des peuples, qu'ils ont rendus libres, a divinisés, ne doivent-ils pas leur apothéose à l'insurrection ? Nassau, avant d'arracher la Hollande à la mer, ne l'a-t-il pas arrachée à la tyrannie de l'Espagne ? la Suisse, qui s'énorgueillit de Guillaume Tell, serait encore à l'Allemagne, si vos ancêtres, Sire, avaient eu la philosophie de Marc-Aurèle ou la vôtre ; c'est parce que l'Angleterre a voulu traiter ses colonies, comme Lacédémone traitait ses Ilotes, que ce monde dégénéré compte un héros de plus, le sage Wasington.

En un mot, s'indigner de tout ce qui contrarie la grande chartre des droits de l'homme, que la nature a écrite dans nos cœurs, éclairer du flambeau de la Philosophie tous les genres d'oppression, appeller

la force publique , pour écraser les tyrans
sous les débris de leur propre grandeur , a
été , depuis le berceau des monarchies ,
l'apanage de tout ce qui naquit , avec u-
ne ame élevée , et le vrai titre des bienfai-
teurs des hommes à la célébrité.

Cette théorie de l'insurrection semble ,
dans sa généralité , à l'abri de toute attein-
te ; mais , quand on veut descendre à l'application des principes , le Sage se trouve
arrêté à chaque pas ; il sent qu'en abbat-
tant un Pouvoir injuste , il court le risque
d'abbatre le système des loix ; il voit le
vaisseau de la république renversé du côté
du despotisme , et il s'expose , en lui donnant avec violence une autre direction ,
à le renverser du côté de l'anarchie.

La faute , comme je l'ai déjà fait pressentir , en est toute entière aux législateurs.
Aucun d'eux ne s'est avisé de classer les
crimes du Pouvoir , de légitimer la résistance à des institutions perverses , de marquer
les nuances par lesquelles l'homme de bien
doit passer , pour arriver du murmure à
l'insurrection.

Les instituteurs des nations ont été à cet
égard plus despotes que les tyrans qu'ils
détrônaient ; car ils ont asservi trente générations d'hommes a leur opinion , ce
qui était encore plus odieux que de tour-
menter ses contemporains avec son épée ;
ils ont voulu donner l'éternité à des Codes,
qui , nés d'ordinaire des besoins du moment , ne devaient pas leur survivre ; lorsque tout leur disait dans la nature , que
rien ne se conserve que par l'équilibre de
deux forces , repoussant les lumières qui
leur dictaient leurs loix, ils ont cru régir le
genre humain avec le seul Pouvoir , comme Archimède avec un seul levier voulait
remuer l'univers.

Si , descendus des hauteurs non de leur
génie , mais de leur orgueil , ils avaient voulu composer avec cet entendement humain,
dont ils craignaient la trop grande influence : s'ils avaient circonscrit dans de sages
limites les deux Souverains-nés du monde
social ; s'ils avaient dit : ici le Pouvoir cédera
aux lumières , là les lumières fléchiront
sous le Pouvoir, ils auraient souvent épar-

C 4

gné aux peuples le crime qui enfreint la
loi , et le crime qui la venge : ils ne mettraient pas encore aujourd'hui les Sages
de l'Europe dans la position humiliante ,
de n'apprendre s'ils ont fait un crime ou un
acte de vertu , que par le succès de leur
insurrection.

Tous les philosophes ont les yeux fixés
sur l'Assemblée Nationale de France : fon-
dée par les lumières , j'aime à croire qu'elle ne se rendra point ingrate : elle leur rendra sans doute ce partage d'Empire que les
Moyse , les Dracon , et les Justinien leur
ont ôté ; elle posera entre elles et le Pouvoir , une ligne de démarcation qui assu-
rera l'éternité à ses loix , et grace à la manière lumineuse dont elle résoudra le beau
problême de l'insurrection , j'épargnerai
peut-être à ses membres l'opprobre d'être
cités dans mon chapitre , DE LA TYRANNIE
DES LÉGISLATEURS.

Je ne sçais , Sire , mais il me semble
que je me suis livré à une vraie insurrection contre les instituteurs de la terre : j'a

donné le précepte et l'exemple à la fois ;
j'ai prouvé qu'on pouvait conspirer contre
les Pouvoirs les plus sacrés quand ils étaient
oppressifs , et j'ai été conspirateur.

Mais quelle foule de questions vont naître de cette idée génératrice , que quand
on conspire pour le bonheur des hommes ,
la gloire augmente en raison du danger de
l'insurrection.

Le premier problème qui se présente ,
regarde l'époque où il est utile de résister
au Pouvoir. Il me semble qu'il y a de la
démence à attendre qu'un sceptre d'airain ,
ait abruti une nation entière, pour le briser;
c'est laisser dessècher la dernière sève de
l'arbre avant de le redresser; c'est , après
la mort du corps politique , appeler le
médecin.

Si , avant les tems désastreux de la décadence de la Grèce , une insurrection généreuse avait remonté les ressorts de ses
républiques , croyez vous que le patriotisme d'un Phocion , aurait été réduit à boire la ciguë de Socrate ?

Si la nuit, où furent dressées au Capitole les premieres tables de proscriptions , l'épée de Damoclès, suspendue par un fil audes-sus de la téte de tons les tyrans , avait dé-livré la capitale du monde , de ee farou-che Sylla , sans qui les tigres des deux Triumvirats n'auraient jamais été déchai-nès , est-il vraisemblable que Rome sans é-nergie , aurait laissé disparaltre la race de ses héros , et qu'après s'ètre vûe déchirée lentement dans les repaires des Césars , el-le aurait fini obscurément par mourir sous les Papes ?

C'est donc , quand il y a encore de la sè-ve dans le cœur des citoyens , qu'il faut revivifier la Patrie : résister au despotisme quand on est seul , c'est la vertu du déses-poir ; tenter une insurrection , quand un État dégradé se renverse sur lui méme , ce n'est pas le sauver , c'est s'ensevelir sous ses ruines.

Mais , dira une prudence pusillanime , quand un gouvernement n'est pas évidem-ment corrompu dans ses principes , l'an-

tiquité (de ses abus ne lui donne-t-elle pas
un droit pour y persévérer ? Où sont les
titres de toutes les Puissances de l'Europe,
si ce n'est dans cette antiquité qui les entoure du voile imposant des religions ? Au
défaut de bonnes loix, qui n'existent peut-
être que dans les livres des philosophes,
la prescription ne doit elle pas être la sauve garde des Empires, contre les attentats
de l insurrection ?

Je réponds, que dans les hautes spécu-
lations, sur lesquelles repose la tranquillité de la terre, il ne s'agit pas d'être pru-
dent, mais d'être juste. Je ne crois pas,
Sire, que la prescription, qui peut être un
mal nécessaire pour des individus, doive
avoir lieu pour les gouvernements. La mobilité d'existence, dans un corps de citoyens
qui se renouvellent sans cesse, amenant
nécessairement la mobilité des fortunes,
il est tout simple qu'une loi civile, en fi-
xant un terme aux réclamations contre les
ravisseurs, prévienne les discordes éternelles des familles : mais un État n'est pas
composé des mêmes éléments ; la stabilité

semble son essence ; des siècles s'écoulent
entre sa jeunesse et sa décrépitude ; l'antiquité, des abus dans un gouvernement, ne
sçaurait donc constituer un droit pour le
Pouvoir qui les protège, comme l'antiquité de la jouissance la fait tolérer dans la
famille d'un usurpateur.

D'ailleurs on ne possede pas sa dignité
d'homme, au même titre que sa fortune.
Le Sage, à qui une loi civile enlève son patrimoine, du moment qu'il a eu le courage de le dédaigner, n'a rien perdu ; mais
que reste-il à l'infortuné, à qui le despotisme commande de répudier la nature : à
qui un Sacerdoce intolérant, enjoint de
faire divorce avec son intelligence ?

Plus un gouvernement repose sur d'antiques erreurs, plus, aux yeux de la morale universelle, il a d'attentats à expier ;
lors qu'ensuite l'excès de l'oppression appelle l'indépendance, la raison, aussi impitoyable que le Jéhovah des Hébreux, à
droit de demander compte au Pouvoir, des
délits que trente générations ont accumu-

lés ; et s'il ne concourt pas à un nouvel ordre de choses, l'intérêt du genre-humain, plus fort que de vaines institutions sociales , lui enjoint de l'écraser sous le poids d'une insurrection.

La force de l'insurrection doit se mesurer , non seulement sur l'antiquité des abus qu'elle veut détruire , mais encore sur le caractère des peuples qu'elle se propose de régénérer. Lorsqu'une monarchie ne renferme dans son sein que des hommes inquiets , actifs , naturellement indociles au joug , il ne faut que remonter le ressort de la machine politique pour la faire marcher : mais si la nation est immobile dans ses préjugés , semble inaccessible au contact des lumières , a contracté l'apathie que donne un long esclavage , il ne faut pas s'amuser à démonter quelques pignons, à polir quelques rouages , la machine ne vaut rien , et il faut la briser.

Cette considération explique comment la révolution Française , l'ouvrage de trois jours de patriotisme , s'est consolidée en

quelques mois , au point de défier l'atteiñ‹
te des siècles. Montagne , Bayle, Voltaire,
le citoyen de Genève et Montesquieu , a-
vaient mis tous les esprits en effervescen-
ce ; Paris sur-tout , le foyer des lumières ,
n'était qu'un amas de substances combus-
tibles ; à la première étincelle qui a éclaté ,
l'explosion s'est faite , et la monarchie entière ; préparée par deux cents ans de philosophie , s'est trouvée en insurrection.

Mais si jamais des États , courbés de tems
immémorial sous le double joug de la monarchie absolue , et du sacerdoce , des É-
tats , tels que l'Espagne , le Portugal , et la
Rome des Papes, tentent de se revivifier , il
faudra d'adord préparer , pendant un grand
nombre de générations , la multitude à recevoir le bienfait des lumières , avant que
d'anéantir le Pouvoir qui osait les rendre
criminelles. L'insurrection Francaise , sur
les bords du Tibre , à Madrid , et à Lisbon-
ne , ne serait , en ce moment , qu'un
moyen d'y faire couler à torrents un sang
inutile ; la philosophie , dans cette nuit
profonde d'ignorance et de crédulité , né

ſerait luire son flambeau terrible autour
des opprimés, que pour indiquer aux oppresseurs les moyens de river leurs ſers.

Quelques gouttes d'un sang généreux
coulent encore dans les veines Italiennes,
Portugaises et Espagnoles : mon Éponine,
avant d'aller retrouver les Arrie, les Lucrèce et les Zénobie, peut espérer de voir la
masse entière de ce sang se régénérer :
mais que dire de cet Empire Ottoman,
que l'épée d'un chef de secte a fondé ; dont
le despote règne en Vice-Dieu, jusqu'a ce
que le cimeterre d'un Janissaire, ou d'un
Eunuque, lui apprenne qu'à peine il est
homme ; où la piété proscrit toutes les lumières, et la politique outrage tous les
Cabinets de l'Europe ? Assurément le corps
social tout entier y est à l'épreuve d'une
insurrection : l'habitude d'être mal y a perverti jusqu'au sentiment du bien-être ; le
peuple se soulève, mais c'est pour changer de maîtres ; on conjure contre le trône,
et jamais contre les mauvaises loix. De tels
gouvernements ne peuvent aspirer à des
réformes partielles, parceque l'ensemble

même des institutions n'y est qu'un grand
préjugé; c'est là que, si une Convention
Nationale pouvait exister, il lui serait permis
de tout abbattre, affin de tout créer ; c'est là
que l'homme de bien , voyant le corps politique cangrené jusques dans la région du
cœur, devrait, par patriotisme même , invoquer le remède effrayant de la conquête.

Il m'en coute , Sire , de vous présenter
ainsi, sous le point de vûe le plus sauvage,
quelques tableaux pittoresques de l'insurrection : mais vous avez désiré que mon
pinceau ne fut que vrai , et je n'ai point
cherché à affaiblir les teintes de ma palet-
te ; maintenant, descendons de ces roches
suspendues des Alpes , que nous n'admi-
rions qu'avec effroy , et cherchons, sur la
pente des montagnes du second ordre ,
quelques sites romantiques , dont l'aspect
riant nous reconcilie avec la nature.

J'ai tonné long-tems contre le Pouvoir
oppresseur , et je ne m'en repens pas , je
cédais au cri de mon cœur, qui s'indigne de
tout ce qui met la force aux prises avec la
faiblesse

faiblesse ; mais enfin ce Pouvoir n'est
point essentiellement un attentat contre la
liberté de l'homme ; il est le résultat des
conventions des Sages, et par là il devient
le pivot autour duquel tourne le monde
social ; il existe donc, pour l'empêcher
d'être destructeur, un mode qui allie la
circonspection au courage, et c'est ce mode qui caractériserait à mes yeux la philosophie des législations.

Il me semble d'abord que, pour légitimer l'insurrection, il faut un de ces attentats du Pouvoir, si évident à tous les
yeux, que le machiavélisme même se re-
fuse à son apologie ; tels furent dans Rome le viol de Lucrèce, par un Tarquin,
et le complot pour la prostitution de Vir-
ginie, tramé par le Décemvir Appius : ici
tout le monde sent que la morale étant
antérieure aux Sociétés, frapper le Pouvoir, c'est moins blesser l'ordre social
qu'obéir a la nature.

Il est aussi une sorte de délit contre la
paix intérieure d'un État, qui provoque
Tome III.

de la part des peuples la plus juste des ré́
sistances ; je mets dans ce rang la révoca-
tion de l'Édit de Nantes , qui couta à la
France l'exil ou la mort de deux cents
mille hommes ; mais ce n'était pas du côté des Protestants , c'était du côté des Ca-
tholiques , que devait éclore le germe généreux d'une insurrection ; l'opprimé qui
se défend dans une Monarchie absolue , a
trop l'air d'un rebelle , il faut que ce soit
le citoyen même qu'on arme pour être oppresseur , qui se justifie envers le ciel en
frappant le Pouvoir.

Les conjurations des héros guerriers contre le repos de la terre , appellent encore,
dans un siècle de lumières , les foudres de
l'insurrection : assurément ce ne serait pas
dans cet age de philosophie , qu'un A-
lexandre demanderait à Jupiter la création
d'un monde nouveau , affin d'avoir la gloire de le conquérir ; qu'un Philippe II ferait de l'Amérique un désert , pour le soumettre à son Évangile ; qu'un Louis neuf
ferait périr toute sa Noblesse aux Croisades , dans le dessein de mériter les vains

honneurs d'une apothéose. Tous ces complots d'illustres brigands, en leur suppo-
sant des chefs, ne trouveraient point de
complices ; la raison a tellement imprimé
son sceau sur ces crimes héroïques, que
si on demandait cinquante mille bras
pour les éxécuter , il s'en éleverait cent
mille pour les punir.

Je vais plus loin ; parmi les actes du pouvoir arbitraire, j'en connais qui, sans amener l'effusion du sang, flétrissent tellement
la dignité de l'homme, qu'il ne scaurait se
relever que par une insurrection. Celui des
Césars qui voulut faire son cheval Consul ,
Charles XII , qui proposait au sénat de
Stockolm , de lui envoyer sa botte pour
gouverner la Suède ; par ces traits desho-
norants de démence , étaient censés abdiquer la Couronne ; et leurs peuples , dans
l'interrègne , se trouvaient réintégrés naturellement dans l'éxercice de la souveraineté.

Rome rentrait encoré plus légitime-
ment dans ses droits usurpés , lorsque Ca-

D 3

ligula désirait que ses citoyens n'eussent
qu'une seule tête, affin de l'abbatre d'un
seul coup. Ce vœu abominable, s'il n'a-
vait pas été conçu par la frénésie, ne pouvait être expié que par un coup de poignard.

Ces grands attentats des chefs de la Société, qui font de la résistance le plus saint
des devoirs, jettent une nouvelle lumière
sur la solution d'un problème, que j'ai déja tenté de soumettre à l'examen; d'un problème, qui, quoique d'un grand intérêt
pour le genre-humain tout entier, n'a pas
même été pressenti par les législateurs.

Nous venons de voir, que l'homme,
individuellement, devait résister au Pouvoir, quand il n'avait que l'alternative, ou
de blesser la politique, ou d'outrager sa
conscience : il partait alors du principe é-
ternel, que la morale existe avant les conventions sociales, et qu'on est homme a-
vant d'être citoyen.

Mais ce n'est pas seulement l'homme individuel qui constitue l'ordre social ; il

existe encore de grandes familles , connues
sous le nom de Hordes errantes , de Monarchies , ou de Républiques , que le Droit
des Gens a unies par une confédération
d'intérêts , de rapports , et qui par l'infraction solemnelle du pacte qui les lie , doivent se trouver naturellement en insurrection.

Une loi de Moyse soumettait a l'ana-
thème , et parconséquent à la destruction ,
toute nation qui ne se faisait pas circoncire.
Ce délit contre la morale universelle anéantissant le Droit des Gens , il était permis à
l'Asie entière de conjurer contre le peuple
de Dieu , et de l'exterminer.

Rome République avait des institutions
atroces , qui lui faisaient regarder comme
ennemi-né , tout ce qui avait le malheur
d'être son voisin. C'est, d'après ce machiavélisme, qu'elle cassait tous les traités qui
n'étaient pas le fruit de ses victoires , et
que Caton , un de ses héros , n'opinait dans
le sénat que pour renverser Carthage. Assurément les peuples , menacés par cette

D 3

théorie de sang , avaient bien le droit de
conspirer contre les brigands , à qui elle
était due , et il ne fallait pas qu'ils atten-
dissent de se voir addossés aux limites du
monde , pour refluer sur Rome , et l'em-
pécher d'en étre la Capitale.

Le droit des peuples de conjurer contre
les États , dont la législation menace leur
indépendance , amène la seule apologie
raisonnable de la guerre offensive , de cette guerre qui semble violer toutes les institutions sociales , qui met la force à la place de la loi , et qui coupe avec l'épée des
brigands , ce qu'il fallait dénouer avec la
raison des philosophes.

Il est vrai qu'une pareille guerre n'est ,
dans l'examen le plus réfléchi , qu'une
guerre défensive ; on ne s'y arme pas pour
conquérir , mais pour éviter la conquête ;
on n'y cherche pas à couper la téte d'un
corps politique , mais à paralyser ses bras ,
quand ils se lévent , pour anéantir autour
d'eux toutes les Patries,

Il résulte de ces considérations philoso-

phiques , que dans toute violation du Pacte Social , l'action doit étre suivie de la
réaction.

Comme l'homme individuel résiste lé-
gitimement à un Pouvoir qui prévarique ,
des États opprimés ont de leur côté le droit
de conjurer contre un État oppresseur.
L'insurrection semblerait donc une des
clefs de la morale , ainsi que la gravitation
est celle de la nature.

Voyez , Sire , comme dans ce Labyrinthe de la politique , toutes les issues se dé-
veloppent sans peine ; c'est que j'ai le fil
d'Ariane dans les mains ; et ce fil tient , par
une de ses extrémités , à deux colonnes nu-
méraires , qu'il est difficile au tems d'é-
branler ; l'une indique le PACTE SOCIAL , et
l'autre les TROIS MORALES , fondements de
ma RÉPUBLIQUE.

Ramenons maintenant nos regards sur
les moyens que la philosophie indique ,
pour sauver à un État les secousses , qui
dégraderaient à ses yeux le bienfait d'une
insurrection.

D 4

L'intérét social exige d'abord , comme nous l'avons vû , une grande infraction de la morale , de la part du Pouvoir , pour autoriser l'homme qui obéit , à briser dans les mains de l'homme qui commande , le ressort de la force publique , qui semble la sauve-garde de tous les gouvernements.

Lorsqu'un Pouvoir oppresseur ne s'acharne que sur une victime , c'est à elle seule à donner à la Patrie le signal de l'insurrection.

La résistance des citoyens opprimés doit être fière , comme le sentiment de l'indépendance , mais en même tems froide comme la loi qu'elle interprète ; elle doit naître de l'attitude ferme et imposante que donne la vertu , plutot que des mouvements impétueux et convulsifs , que détermine la vengeance ; elle doit déployer devant le tyran , le bouclier qui la protège, et non l'épée qui pourrait le mettre à mort.

Cet esprit de paix , dans un moment où tous les liens de la Société sont à la veille de se dissoudre , annonce l'avènement de

la raison , qui ne conjure jamais que pour
empêcher les hommes qu'elle éclaire , de
s'entredétruire.

Il peut être utile au Pouvoir, qui a le
tems de reculer , à l'approche de l'orage
qui le menace ; ce qui sauve à un État ,
déjà mal affermi sur sa base , le danger
d'être froissé quelque tems entre la loi et
la nature.

Cette modération philosophique , est encore plus surement utile à l'opprimé : car,
derrière lui , ces hommes magnanimes ,
que Solon appelle à la vengeance de l'injure de leur concitoyens , sont en sentinelle ;
plus le Pouvoir pésera sur un Sage , qui ne
se défend qu'avec la conscience de sa probité , plus il précipitera le signal effrayant
de l'insurrection.

Le grand principe , qu'il faut toujours
utter sans armes avec le Pouvoir, ne souf-l
fre de modification , que lorsque le glaive ,
étincellant sur la tête de l opprimé , l'oppresseur , qui le réduit à l'état de défense

naturelle , semble lui dire : FRAPPE , OU
MEURS : je sçais qu'alors l'homme sublime
sçait mourir ; mais l'homme qui ne veut
être que juste , frappe , et n'est point un
assassin , aux yeux de la morale.

Seulement la philosophie exige de Brutus , qu'il n'y ait rien de prémédité dans
sa vengeance ; il faut que la foudre frappe
le tyran avec l'éclair ; ou bien l'honneur
ne met d'autres différence , que le succès,
entre la force qui protège la tyrannie , et
la force qui l'anéantit.

Je désirerais encore , que le trait destiné à punir l'oppresseur , ne s'égarât pas
sur des têtes étrangères à la tyrannie. Il
m'a toujours paru extraordinaire que Lucrèce et Virginius , se punissent eux mêmes
des attentats de leurs tyrans ; que l'ennemi du Décemvirat , au lieu de poignarder
Appius , égorgeât sa fille ; que l'héroïne de
la pudeur préférât au meurtre de Tarquin,
la gloire un peu suspecte du Suicide.

Lorsque le despotisme ne mine que len-

tement l'édifice social, ce ne sont plus les
individus, mais les corps dépositaires du
simulacre des loix, qui doivent arborer le
drapeau de l'insurrection.

Ils étaient bien étrangers à tous les
grands principes d'économie sociale, ces
Parlemens de France, qui, avant la révolution qui les a si justement anéantis, ne
sçavaient opposer une barrière au Pouvoir
absolu, qu'en abdiquant la magistrature !
infidelles par orgueil à leur serment de rendre la justice aux peuples, ils ne les con-
solaient de l'oppression du trône, qu'en
les jettant de leur propres mains dans l'a-
narchie : ils mettaient de la dignité à dou-
bler les maux de la nation, parceque la
nation mettait de l'opiniâtreté à les croire
seuls capables de les faire disparaître.

Cependant, lorsque les interprètes des
loix se taisent, lorsque les corps intermé-
diaires sont sans énergie, il faut bien que
tous les individus éclairés d'une grande nation se coalisent, pour empêcher le torrent
du despotisme de se déborder. Cette ligue

terrible n'a rien qui allarme la morale ;
lorsqu'elle ne se forme qu'à la suite de
grands attentats du Pouvoir absolu , lorsqu'elle supplée au silence conpable des
corps d'administrateurs , et lorsque, brisant
d'un bras vigoureux la hache de la tyrannie dans les mains de ceux qui gouvernent,
elle ne met pas à mort les gouvernements.

Toutes ces conditions semblent avoir
été observées dans l'insurrection Française.
se. Le Lit de Justice au milieu des représentants de la nation , le renvoi du Ministère qui avait bien mérité d'elle , sur tout
l'approche d'une armée , qui paraissait destinée à faire le siège de la Capitale , étaient
des attentats assez grands pour opérer u-
ne insurrection ; lorsque deux cents mille
épées sortirent à la fois de leurs fourreaux ,
pour protéger une Patrie qui commençait
à naître , ces légions de citoyens ne faisaient que suppléer au silence coupable des
Parlemens , et à la faiblesse des États Généraux , le jour de la séance royale ; enfin
les Parisiens qui quittèrent , à cette époque
mémorable , leurs foyers , pour se dévouer

à la cause publique , étaient loin , même en humiliant le Monarque , de songer à dissoudre la Monarchie.

Il est un mode de résistance bien plus sublime encore , qui , dans tout État qui se régénère , devrait préparer les esprits aux scènes sanglantes d'insurrection.

Ce mode , inconnu à l'antiquité , est le droit de dévoiler , avec une plume courageuse , les crimes de l'administration , et d'éterniser , par le moyen de la liberté de la presse , le sçeau de l'opprobre , qu'on imprime sur le front des administrateurs.

L'unique frein que la philosophie admette pour ce genre de combat , où l'abus est si voisin de l'usage , est la nécessité de signer l'écrit courageux , où l'on dénonce à la raison les délits du Pouvoir ; car les coups les plus mérités révoltent , s'ils sont portés dans l'ombre ; et la morale des États ne permet pas plus d'assassiner avec une plume qu'avec un poignard.

Eh ! de quel poids ne serait pas un mani-

feste contre un Pouvoir prévaricateur ;
s'il était signé d'un nom synonime à ceux
de génie et de probité ? si on lisait à la
tête d'une satyre morale : je dénonce à la
postérité des Lucrèce, les débordemens de
Messaline, et je m'appelle Juvenal : si,
sur le frontispice de nouvelles annales de
Rome, on voyait : j'ai peint avec vérité
les derniers des hommes, les Tibère et
les Néron, et je suis Tacite !

C'est avec cette liberté de penser et de
propager sa pensée, que le citoyen-philo-
sophe conjure contre les tyrans de la Patrie ; et que le Cosmopolite arme tous les
Etats accessibles aux lumières, pour anéantir, s'il était possible, toutes les tyrannies
de l'univers.

———————

CHAPITRE XXXI.

APPLICATION DE CETTE THÉORIE,

A UNE INSURRECTION QUI AURAIT SAUVÉ A LA FRANCE LA NUIT DES RÉGICIDES.

TELLE est la substance de ma doctrine, sur une des plus belles questions de morale, que puissent jamais discuter des législateurs. J'ai taché d'être clair, parce que s'il était un seul homme du peupl , à l'intelligence de qui elle échappât, mon but philosophique serait manqué ; j'ai surtout tenté d'être court, parce que si je n'avais voulu qu'effleurer la matière, à la façon des Grotius et des Puffendorf, j'aurais écrit plusieurs volumes.

Je sçais, Sire, par votre silence même, quelle est votre opinion sur ma théorie : votre ame s'est manifestée malgré vous, et aucune des teintes de votre visage ne m'a échappé ; j'y ai lû votre inquiétude sur la stabilité de l'ordre social , quand j'ai désigné, comme une de ses premières loix , la résistance à tout Pouvoir prévaricateur ; vous avez encore moins dissimulé une douce émotion , lorsqu'à force d'entourer d'une Philosophie pacifique , le berceau de l'insurrection , j'en ai reconcilié l'audace avec la sensibilité d'un Titus , et l'humanité raisonnée d'un Marc-Auréle.

Maintenant que les principes fondamentaux sont posés, tous les résultats particuliers en découlent sans peine. Une ame pure et un entendement lumineux suffisent pour classer tous les faits , qui embarrassaient jusqu'ici une politique vulgaire ; qui faisaient douter si un chef de parti était un Brutus ou un Catilina , s'il avait prostitué son génie à fomenter une révolte , ou s'il avait aspiré à la gloire dangereuse d'une insurrection.

Sans connaître les élémens de cette théorie , guidé seulement par votre ame pure , et votre entendement lumineux , vous avez

jugé

jugé comme Salomon, l'officier de Belgrade.

Il a dû résister à un pouvoir oppresseur, parce qu'il était pere avant d'être officier: parce qu'avant de répondre à un Conseil de Guerre, son propre cœur l'avait cité au tribunal de la nature.

Son insurrection, sans doute, aurait été pacifique, s'il avait eu le temps d'invoquer un Pouvoir supérieur à celui qui l'outrageait : alors votre justice, Sire, se serait fait entendre, et l'infortuné aurait épargné un sang, qui tout impur qu'il est, intéresse toujours l'ami de l'ordre, quand ce n'est pas la loi qui le fait répandre.

Mais le tyran, en prononçant le mot terrible : FRAPPE OU MEURS, s'est condamné lui même. Puisqu'il fallait qu'un des trois acteurs de cette scène terrible périt, le coup, qui a frappé le seul coupable a justifié la providence.

Je trouve un peu plus délicate, quoi-

qu'aussi évidente , la solution du problème sur l'insurrection , qui aurait sauvé à
la France l'opprobre de la nuit des régicides.

Vous vous rappellez , Sire , le trait de la
lettre de Zima à mon Èponine , où il est
dit que Louis XVI , pour sauver un massacre , défendit à ses Gardes de tirer sur les
hommes de sang , qui venaient assassiner la
Reine , et lui forger à lui même des fers ,
sur le trône où il était assis. Eh bien ! cette
défense a produit tous les désastres de cette nuit abominable ; mais l'honneur Français était sauvé , si dans ce moment terrible , il y avait eu de la part des Gardes une
généreuse insurrection.

Pour rendre moins révoltant cette espèce de paradoxe philosophique , permettez
moi , Sire , de lier quelques idées accessoi-
res , aux branches principales de ma théorie.

Nous avons reconnu que le droit de résister à un Pouvoir oppresseur , était un at-

tribut essentiel de l'homme : que ce droit
ne pouvait être restreint par les loix qu'il
avait vû naître , et qu'il y aurait autant
d'absurdité à un ordre social de vouloir l'a-
néantir , qu'à tenter de nous ravir notre
intelligence.

Mais un Pouvoir oppresseur ne l'est pas
toujours , dans le sens qu'il est le fléau de
tout ce qui l'environne : il l'est quelquefois dans celui qu'il s'opprime lui même ;
alors la résistance , sans changer de nature,
doit changer d'objet ; le héros citoyen , au
lieu de s'élever pour détruire le Pouvoir ,
doit s'élever pour le conserver dans toute
sa plénitude.

Tel est le point de vue , sous lequel la
philosophie doit considérer la défense généreuse mais coupable , faite par Louis
XVI à ses Gardes , de le protéger contre
des assassins. La tête du corps politique se
doit à ses membres , comme les membres se
doivent à la tête ; personne , soit qu'il commande , soit qu'il obéisse , n'a le droit d'en
attaquer l'intégrité , et un Roi , en qualité

de représentant du souverain, ne peut s'arroger le droit d'abdiquer sa vie, que lorsque l'intérêt général lui enjoint d'abdiquer sa Couronne.

Il ne faut point citer ici l'exemple de Léonidas ; quand ce grand homme se dévoua aux Thermopyles, il y avait deux Rois dans Lacédémone : ainsi la Patrie pouvait être en deuil et avoir encore un pere.

Louis XVI manquait donc à la morale de l'État, en interdisant à ses Gardes la gloire de mourir pour le défendre ; et puisque l'ordre qu'il donnait était évidemment un délit de lèze-nation, ce n'était qu'en le violant que la nation pouvait l'en absoudre.

L'insurrection des Gardes, contre un Monarque qui s'oubliait, était donc dictée par le devoir, avant d'être le fruit touchant de l'impulsion aveugle de la vertu.

D'ailleurs, je voudrais bien sçavoir, en quoi un acte si sublime de désobéissance,

aurait contrarié ce Code farouche de discipline militaire , qui ne mène à la gloire,
qu'en changeant les héros en automates.

Assurément les Gardes-du-Corps de Louis
XVI n'étaient institués que pour le défendre : tel était le but unique du serment
primitif qu'ils avaient prononcé ; tout ordre contraire était donc une invitation au
parjure : et désobéir , dans cette circonstance critique , au Pouvoir , était le plus
bel hommage qu'on pouvait rendre , soit à
la discipline , soit à l'ordre social.

Ces considérations amènent un dilemme terrible contre ces respectables infortunés , qui ont tant souffert de l'ordre in-
considéré du Roi , et à qui la postérité , en
rendant justice à leur bravoure , reprochera sans-doute d'avoir manqué de lumières.

Ou les Gardes croyaient que leur serment primordial était plus sacré qu'une
vaine loi de discipline, et alors ils devaient,
malgré l'ordre du Prince , tirer sur les régicides ; ou ils pensaient que l'obéissance

passive , qu'exige la discipline , anéantissait leur serment primordial ; et alors cessant d'être Gardes , ils devaient en jetter
les frivoles ornemens, et, devenus simples
soldats de la Patrie, la préserver d'un deuil
éternel , en dispersant loin de l'enceinte
du Château , la horde des Cannibales.

Je veux ignorer à jamais quel était le
Capitaine des Gardes, qui vint , dans cette
nuit désastreuse, signifier à son Corps l'ordre du Monarque , de se laisser assassiner
les armes à la main ; mais il me semble , que
si alors j'avais eu l'honneur de commander
cette élite de guerriers , mon cœur ému
m'aurait dicté cette courte harangue :

» Mes amis , les jours du Roi que vous
» avez juré de protéger , sont en péril , et
» il vous défend de tirer sur ses assassins.

» Que l'honneur vous parle plus haut
» qu'un frivole préjugé ; sauvons aujour-
» d'hui , dans le Monarque , la Monarchie
» expirante , et infidelles par effort de ver-
» tu, jurez tous avec moi de lui désobéir.

» S'il est parmi vous quelqu'homme de
» bien timide, que l'idée de désobéissance
» effarouche, moi, son chef, j'anéantis
» ses scrupules, en lui ordonnant, au
» nom de la discipline militaire, d'exter-
» miner, s'il est possible, la race odieuse
» des régicides. Moi seul alors je serai cou-
» pable envers le Roi que j'aurai sauvé; et
» je consens que, pour une action dont
» ma probité s'honore, la loi militaire pro-
» nonce mon supplice. »

Ce n'était pas d'un Capitaine des Gardes
courtisan, qu'on pouvait attendre un pareil discours; il y a trop loin de l'ame d'un
Satrape de Xerxès, à celle d'un sauveur
de la Patrie. Mais comment, dans cette Noblesse nombreuse qui lui était subordon-
née, ne s'est-il trouvé personne qui ait
eu l'instinct des grandes choses? comment,
lorsque le Prince osait les enchaîner, ne
s'est-il rencontré parmi eux aucune main
généreuse, qui ait secoué ses chaînes, et
rendu la force publique à son institution
primordiale, celle de protéger la nation
entière dans le chef de la Monarchie?

E 4

Eh! quel moment choisissaient les Gardes,
pour s'allarmer d'une insurı ction ! c'é-
tait l'époque où Paris laissait forcer son
Hôtel de-Ville, par une légion de Bacchantes : ou la milice de la Capitale, forçait son
Général à venir faire le siège de Versailles :
ou, des repaires sanglants du Palais-Royal,
sortaient des arrêts de proscription contre
les législateurs. Quoi ! la force était per-
mise , quand il s'agissait de sapper toutes
les bases du Pacte Social , et elle était interdite, quand il s'agissait de les défendre !
les insurrections les plus criminelles se
montraient en France à visage découvert,
et le héros n'aurait eu qu'à rougir, lorsque le patriotisme le plus pur était le mobile de son insurrection !

Oui , Sire , dans cette effroyable anarchie , où chaque homme armé était à lui-
même sa propre loi , il n'y avait que l'insurrection généreuse des Gardes, qui put
sauver la France de l'insurrection abominable des régicides.

Il fallait , quand Louis XVI , égaré par

sa sensibilité, défendit à ses Gardes la plus légère résistance, que ceux-ci s'emparassent à l'instant de toutes les avenues du Château, ne tenant leurs consignes que de leur bravoure, prenant le mot de Patrie pour signe de ralliement, et se jurant à eux-mêmes de défendre leurs postes, contre leurs chefs mêmes, s'ils venaient les en arracher.

Au même moment, il fallait inviter toute la Noblesse militaire de Versailles, à se rendre au Château, pour faire un rempart de leurs corps à leur Roi détrôné : il fallait que le cri généreux de ces Gardes se fit entendre jusques dans le sein de l'Assemblée Nationale, et réveillant dans le cœur de ses membres leur antique idolatrie pour le descendant de leurs soixante Rois, les tirât d'une enceinte à jamais avilie, par les orgies crapuleuses des Bacchantes, pour venir placer la majesté d'un corps de législateurs, entre le Monarque et les régicides.

En même temps l'appareil le plus formidable de défense devait se déployer ; les

drapeaux devaient flotter dans l'air, les
épées étinceller hors de leurs fourreaux,
les canons diriger leurs bouches de feu
contre la phalange des Cannibales.

Vous connaissez, Sire, encore mieux
que moi, les émeutes populaires; vous sçavez que le plus léger mouvement en soulève les flots ou les abaisse : assurément cette
audace sublime des Gardes aurait fait son
effet ; les brigands qui ne calculaient le succès de leur attentat que d'après la faiblesse des alentours du trône, à la vue de cet
appareil terrible, se seraient dispersés, et
il n'y aurait eu de sang répandu que par
les bourreaux et avec les instruments des
supplices.

Mais supposons, contre toute vraisem-
semblance, que les Gardes, sur le point
d'être forcés dans leurs postes, eussent é-
té contraints de faire feu ; eh ! qu'avait
donc cette nécessité cruelle de si allarmant
pour la vertu ? est ce que la force publique, quand elle protége l'ordre social, n'a
pas le droit de verser un sang impur ? est

ce qu'il y a des assassinats ponr qui venge la loi ?

Que la discipline parle ; et on voit cent mille hommes, qui ne se connaissent pas , qui ne se sont jamais offensés , qui ne se veulent aucun mal , s'égorger en bataille rangée , au milieu des encouragements de leurs concitoyens et des bénédictions du Dieu des batailles ; et lorsque la première des loix sociales , la sureté du chef d'un grand Empire , exige que les ennemis de la paix publique tremblent ou périssent , on craindra de frapper , autour d'un trône en débris , quelques vils scélérats , échappés , dans le silence des loix , à l'opprobre de l'échaffaud !

Mais , dira-t-on , il y avait des femmes parmi les rébelles , et ce n'était pas sur leurs têtes que les traits de la mort devaient s'égarer. Personne , Sire , ne sçait plus qne moi , quel empire , dans un État civilisé , la faiblesse doit avoir sur la force : personne n'est plus convaincu , que toute femme qui sçait se respecter doit voir chez un peuple , qui a de l'honneur , le carnage s'arrêter , non seulement pour elle , mais encore devant elle ; et si cette doctrine indulgente n'était pas , pour mon ame douce , une jouissance naturelle , les vertus d'Éponine , l'héroïne de son sexe , en feraient pour ma raison un devoir.

Mais ne profanons pas la cause de la plus intéressante moitié du genre-humain ; en l'assimilant avec celle des régicides.

Ou les femmes , circonscrites dans l'enceinte des vertus domestiques , contentes d'être épouses et meres , se renferment dans une obscurité vertueuse , et des êtres aussi respectables sont sacrés pour tout ce qui porte le nom d'homme : l'épée du conquérant se détourne à leur aspect , et le dépositaire de la force publique , quand cette force expire dans ses mains , meurt encore pour les sauver.

Ou bien il s'élève de temps en temps , sur la surface du Globe , des femmes supérieures , qui , par la hauteur de leur carac-

tère, semblent démentir leur sexe, et contre-
dire la nature ; alors de pareilles héroïnes
n'ont pas besoin d'être protégées par l'homme , ce sont elles qui le protègent : l'opinion qui gouverne les Etats avant les Rois ,
est dans leurs mains ; elle ferait taire la
force publique , si , corrompue par les factions , elle osait menacer leur existence.

Quant à la dernière classe , non des femmes , mais des êtres intelligents , à ces espèces d'hermaphrodites , qui reunissant la
robe efféminée d'un sexe , dont ils ont abjuré la pudeur , avec l'armure de celui
dont la nature leur a refusé la force , d'u-
ne bouche flétrie par l'opprobre de leur
vie , préchent sans péril la révolte et les
assassinats , c'est le comble du délire dans
la force publique , de les respecter. D'ailleurs , dans ces êtres dégradés , la lâcheté
s'allie toujours avec l'audace : le fer vengeur des loix se courbe t-il devant des Bacchantes ? enhardies par l'impunité , elles
boivent le sang-humain qu'elles ont fait
répandre ; se dirige-t-il sur leurs têtes ? el-

les meurent de leur effroi , avant que sa
pointe ait pû les atteindre.

Vous le voyez , Sire , il n'a tenu qu'à un
fil , que la France n'eut point deshonoré
sa grande et belle révolution , par la nuit
des régicides ; ce fil était entre les mains
des Gardes : malheureusement la philosophie ne les a pas éclairés de ses rayons : ils
n'ont pas senti que , dans des temps diffi-
ciles , quand les grandes bases de la morale sont ébranlées , il faut secouer de vains
préjugés de discipline ; ils n'ont pas vû
qu'une désobéissance passive est absurde ,
en présence de la scélératesse qui déploye
toute son activité , et que quand un Empire a subi l'impulsion des lumières , c'est
avec du génie qu'il faut défendre le trône ,
encore plus qu'avec de la bravoure et de
la vertu.

CHAPITRE XXXII.

ÉPREUVES DIVERSES,

POUR LA GRANDEUR D'AME D'ÉPONINE.

Cependant la santé de l'Empereur empirait tous les jours ; la nature , toute vigoureuse qu'elle était , dans ce corps bien organisé , succomba sous les remèdes , et un conseil barbare le fit transférer à Vienne , comme si on avait voulu le raprocher du tombeau de ses ancêtres.

Heureusement que le Monarque , en sentant ses forces physiques se dissoudre , se survivait à lui même par la vigueur de son entendement ; ramené aux idées de la vraie gloire , par les entretiens lumineux du Philosophe , il rougissait quelquefois d'en avoir poursuivi le phantôme , en se livrant à la folie héroïque des conquêtes : un jour qu'il se traînait dans ses jardins ;

suivi des deux fils d'un Archiduc , la con-
versation tomba sur une vie de Sesostris ;
dont l'un des jeunes Princes , né avec l'i-
magination ardente de Charles XII , dévorait la lecture ; celui-ci , tout plein des exploits romanesques de son héros , des Rois
inconnus à l'histoire , enchaînés à son
char , de la terre entière conquise en sept
ans par ses Généraux , sans qu'elle s'en
doutât , mettait le Pharaon au dessus des
Souverains de tous les ages ; ensuite, par
une adulation ingénieuse , il faisait rejaillir
une partie de la renommée du Paladin de
l'Égypte , sur le conqué.ant de Belgrade.
Joseph , affaissé par la douleur , ne pouvait soutenir une discussion philosophique
avec ses neveux; mais , au défaut de la raison profonde de Marc-Aurèle , il essaya de
les éclairer à la manière d'Esope , par l'é-
loquence naïve d'un apologue.

Mes amis , dit le Monarque , d'une voix
éteinte , Sésostris est votre idole , il fut la
mienne à votre age : mais quel bien a fait
sa gloire , à son pays ? On dit qu'il subju-
gua

gua le monde, et après sa mort l'Egypte fut subjuguée.

Voulez vous avoir des idées justes sur les conquêtes? Vous voyez, à l'extrémité de ce parc, une fontaine décorée, dont j'ai récemment donné le dessin à mes archi-tectes ; allez examiner le tableau en re-lief, qui forme le centre du monument; je regrette que l'épuisement de mes forces ne me permette pas de vous y suivre, pour donner en votre personne, une leçon ter-rible à tous les Rois ; mais votre entende-ment est sain, et je laisse la découverte de la moralité à votre intelligence.

Les jeunes Princes, dont la curiosité é-tait irritée par ce préambule, laissèrent un moment l'Empereur livré à lui même, dans l'enceinte d'un Kiosque, et volèrent au monument. Le relief représentait un loup énorme, halétant par l'abondance du sang dont il s'était repu, et épuisé pour s'être entouré de victimes ; un dogue, qui jusqu'alors n'avait jamais pû le vain-cre ; le saisissait à la gorge, pendant que sa léthargie le laissait sans défense , et le déchirant sans péril , achevait de le mettre à mort.

Le sens de l'apologue n'était pas difficile à saisir , et il n'échappa pas à la pénétration de l'ainé des jeunes Archiducs , PRINCE , dit-il , DÉCHIRÉS CETTE VIE DE SÉSOSTRIS : TOUT ÉTAT QUI CONQUIERT , EST CE LOUP RASSASIÉ DE SANG , DONT UN ENNEMI ATTEND LE SOMMEIL , POUR LE DÉVORER A SON TOUR.

Quelques mois s'écoulèrent , sans que le Philosophe eut occasion de renouer le fil de sa République ; toutes les nouvelles qui arrivaient de France , étaient désastreuses ; Louis XVI entouré , dans sa prison des Thuileries , d'une garde qu'il n'avait point nommée , ne prenait part à la législation de son Empire , qu'en signant des décrets qu'il lui était défendu d'examiner ; Paris se partageait en soixante Républiques, qui n'avaient de force que pour s'entre-détruire ; l'Assemblée Nationale , transférée sur ce sol qui dévorait ses habitants ; se

Princes déchirés cette vie de Sésostris: tout état qui conquiert est ce loup rassasié de sang, dont un ennemi attend le sommeil pour le dévorer à son tour.

créait, à l'aide de ses Comités des Recherches, des ennemis terribles, qu'elle aurait pu corrompre utilement, si elle avait
mis quelque générosité dans sa victoire.
Pendant ce tems là, le feu des discordes
civiles allait embrâser les provinces, d'une
mer à l'autre; on armait des brigands qui
n'avaient rien, contre des hommes paisibles qui jouissaient de leurs propriétés,
sous la sauve-garde du Pacte Social; et c'é-
tait sur les décombres des édifices Seigneu-
riaux, a la lueur des torches qui les avaient
incendiés, qu'on faisait lire à une multitude sans frein comme sans lumières, le di-
plôme de son indépendance.

Cependant, car il faut être juste avant
d'être sensible, on ne pouvait accuser les
institutions Françaises d'être écrites avec
du sang, comme les loix de Dracon. Du
milieu de l'anarchie, s'élevait lentement un
des Codes les moins imparfaits, que la philosophie ait jamais donnés au genre-hu-
mains; on cherchait dans la nature une
base à l'obéissance sociale, on faisait ser-

tir une loi pure et uniforme, du cahos effrayant des coutumes, on arrachait le gouvernement au despotisme du trône, et la
religion au fanatisme du sacerdoce : il é-
tait évident que la raison tendait insensible-
ment à faire la conquête de la Monarchie,
malgré les clameurs des hommes puissants, qui avaient intérêt à la faire taire,
et l'hypocrisie adroite des factieux, qui
cherchaient à la rendre coupable, en parlant son langage.

Malheureusement, le bien, opéré par la
révolution Française, était de nature à
frapper moins les étrangers, que les désastres publics, qu'on devait à l'inexpérience
des régénérateurs ; il suffisait, pour prendre de l'ombrage contre la première nation de l'Europe, de rassembler des faits,
et il y en avait d'atroces ; au lieu que,
pour l'admirer dans les grandes choses
qu'elle méditait, il fallait supposer aux
belles loix isolées qu'elle s'empressait de
produire, un ensemble qui était l'ouvrage de plusieurs années de combinaisons

et qui , à cette époque , n'existait surement
pas dans la tête des législateurs.

Le Philosophe , d'après ces considérations , évitait tout entretien politique avec
l'Empereur : comme les organes du Prince allaient sans cesse en s'aflaiblissant , et
que son ame vigoureuse ne semblait plus
vivifier que des ruines , il eut été affreux
d'empoisonner , par des souvenirs déchi-
rants , les derniers soufles que sa vie allait exhaler : ainsi l'oubli profond de cette
France , qui se régénérait avec des loix ad-
mirables , et des crimes , était commandé
à Joseph par le besoin d'exister , et à Platon par celui de la reconnaissance.

Cependant le Sage se consolait souvent
de ce vuide qu'éprouvait sa raison , en ré-
pandant son cœur dans le sein d'Éponine ;
il ne s'écoulait aucun jour , sans que l'entretien tombât sur la France : le vieillard
en faisait naître le sujet , pour avoir occasion de donner un libre cours à ses réveries
philosophiques , et sa fille prolongeait l'en-

tretien , pour nourrir son cœur qui s'ignorait , d'une autre espèce de réveries.

Je regrette , disait un jour le vieillard ,
en ouvrant un paquet destiné à l'Empereur , qu'il ne nous vienne de France au-
cunes nouvelles sur la révolution ; Paris a
dans son sein plus d'une personne qui
nous est chere , et dont notre sensibilité
pourrait calomnier le silence.——

Il est vrai , mon pere , que Zima est bien
long-tems sans nous écrire.——

Zima , ma fille , n'est que l'interpréte
de son libérateur ; je voudrais qu'un homme à tête forte vit par ses yeux le tableau
d'un grand État qui se régénère , et qu'il
m'en parlât par lui même. Je ne sçais ;
mais je suis bien autrement ému , quand
je vois un jeune enthousiaste de la gloire ,
mettre dans la langue du patriotisme la
même énergie , qu'un autre mettrait dans
la langue de l'amour ?——

Vous croyez mon pere ?——

Et toi, ma fille, tu le crois aussi; mais tu voudrais me le dissimuler, ainsi qu'a toi même. Éponine, Éponine, un jour viendra, où tu croiras, en consultant ton pere, n'avoir consulté que ton cœur. —

C'est ainsi que Zima, si elle n'avait point d'interprète, interrogerait ma pensée. —

Va, céleste enfant, ce n'est pas Zima qui obsède ta pensée : un cœur sublime comme le tien, un cœur dont le monde entier pourrait à peine remplir le vuide, n'est pas fait pour peser les frivoles destinées d'une Sultane. —

Vous laissez passer, mon pere, dans le paquet, une lettre à votre adresse. —

Elle m'a échappé, parceque je me détournais, pour te sauver l'embarras de ta rougeur ; mais ma feinte est inutile, et je vais jouir librement de toute ton émotion ; vois tu ce cachet ? —

Eh bien mon pere.... —

F 4

C'est celui de la maison de Villeneuve ,
si connu dans Constantinople , à qui elle
a donné un ambassadeur. —

De Villereuve , mon pere ! c'est le nom
du chevalier. —

Viens m'embrasser , ma fille ; tu as besoin de cacher quelque tems ton trouble
dans mon sein... maintenant que tes yeux
moins humides peuvent suivre , sans é-
prouver de nuage , le cours d'une lecture ,
prends cette lettre de ton esclave : c'est à
toi à la décacheter.—

Non mon pere , elle porte votre nom sur
l'adresse ; le chevalier n'écrit , et ne doit
écrire qu'à vous.—

Je le pense aussi ; mais crois en ma longue expérience du cœur humain ; cette lettre m'est écrite , mais ne regarde surement
que mon Éponine : ton nom n'y sera peut
être pas prononcé , et il ne s'y trouvera
pas une ligne qui n'ait été tracée pour
toi.—

En vérité , mon pere , vous me rendez
toute interdite. Eh ! qui vous dit que ce
cœur où vous régnez seul, j'oserai un jour
le partager entre vous et un esclave ?—

Qui me le dit ?... ton désaveu... sa vertu... mais le moment n'est pas venu de te
dévoiler un secret que ton cœur renferme,
et que sans doute il ignore. Ma fille , vois
comme ce ciel est pur ! comme ce Soleil
d'hiver, précurseur du printems , ne demande qu'à vivifier la nature ! crois moi ,
va respirer un air générateur dans les bos-
quets de ce Palais ; tu liras plus librement
cette lettre, que tu brûles de parcourir , loin
des regards d'un pere.—

Eponine voulait faire un nouveau reproche au Philosophe ; celui-ci par une cares-
se la fit expirer sur ses lèvres. La jeune
héroïne , de son côté , serra son pere dans
ses bras avec une telle yvresse de sentiment , qu'il était aisé de s'appercevoir
qu'elle ne l'avait jamais tant aimé , qu'en
ce moment où elle paraissait avoir tant à
s'en plaindre.

Oh ! combien ce simple récit , que je
ne fais que transmettre , affecte délicieu-
sement mes sens ! pourquoi suis-je prêt de
l'écrire avec mes larmes ! c'est qu'il me
rappelle des souvenirs qui ne périront
qu'avec moi. Ainsi j'aimais à vingt ans ,
ainsi peut-être j'étais aimé ; la nature avait
tout fait pour nous ; elle nous avait donné
pour jouir , l'ignorance et l'innocence.

Cependant Éponine était descendue
dans les jardins du Palais , accompagnée de
l'officier de Belgrade , qu'elle appellait en
souriant son Capitaine des Gardes ; elle tenait a la main la lettre du chevalier , et
attendait le premier détour d'un labyrinthe pour la décacheter. Un Prince Alle-
mand se présente tout-à-coup devant elle ;
belle Éponine , dit-il , vous verrez l'Empereur avant moi ; dites lui que mes lettres de France achèvent de faire le procès
à sa révolution , qu'on a érigé au milieu
d'un peuple qui se dit libre , deux tribu-
bunaux d'inquisition d'État , sous le titre
de Comités des Recherches ; c'est une loi
de sang qui les a fondés ; c'est un Code de

sang qui les dirige, et ce sont des hommes
de sang qui les président. Monsieur, frere
du Roi, vient d'être obligé, pour se dérober aux poursuites de ces Cours inferna-
les, de descendre devant un Maire, à une
apologie, que tout ce qui a l'ame élevée
en France désavoue. Les prisons de la Capitale regorgent des victimes de ces inquisiteurs ; on cite entre autres un baron
de Besenval, un marquis de Favras, et ce
généreux esclave, que vous avez armé
chevalier au camp de Belgrade.

Éponine pâlit, sa lettre est sur le point
d'échapper de sa main ; cependant sa voix
tremblante a encore la force de remercier
le Prince de son attention, et à peine celui-ci a-t-il disparu, qu'elle s'enfonce avec
son guide, dans les défilés du labyrinthe.

Lorsque ses sens sont un peu remis, enfin, dit-elle à demi-voix, ma curiosité va
être satisfaite ; sans doute l'infortuné se
propose d'attendrir mon pere, sur ses malheurs : mais pourquoi a-t-il tant tardé
d'interroger notre sensibilité ? pourquoi

n'écrit-il , que pour apprendre qu'il va
mourir ?__

Pendant ce monologue , Éponine agi-
tait dans ses mains la lettre du chevalier :
elle parcourait , avec un intérêt vague ,
l'écriture de l'adresse ; elle brulait , et
tremblait à la fois de la décacheter ; l'officier , qui soupçonna à ses mouvements ,
qu'elle désirait d'être seule quelques minutes , s'eloigna par respect à quelques
distance , et l'héroïne s'assit sur un lit de
verdure naissante , pour respirer à son aise , et jouir enfin sans témoin , de son cœur
et de la nature.

Déjà son doigt pressait le cachet pour le
briser , lorsqu'un cri de fureur , parti à
quelques pas d'elle , la fit lever précipita-
ment , et l'obligea de renfermer sa lettre
dans son sein.

Ce cri était échappé , à un jeune officier
des Gardes de l'Empereur , à la vue du guide d'Éponine ; qu'il périsse , s'était il é-
crié , le scélérat qui m'a rendu orphelin !

et tirant en même tems son épée , il en a-
vait jetté le fourreau.

Arrétez , dit Éponine , c'est avec moi
que vous avez à combatre ; et saisissant
l'épée étincelante du côté de la pointe ,
elle entraîna le jeune inconnu dans un détour opposé à la route que suivait l'officier
de Belgrade.——

Éponine , abandonnez ce fer , plus fait
dans mes principes à vous défendre qu'à
vous blesser ; je ne vous fuirai point , com-
battez moi , avec votre raison profonde :
quand j'aurai triomphé de vous avec la
simple logique de l'honneur , j'irai vaincre ailleurs avec cette épée , ou perdre le
reste de mon existence.——

Jeune homme , connaissez vous le rival
vertueux que vous allez défier ?——

Non, mais je sçais qu'il a tué mon pere.——

Ingrat , apprenez qu'il a sauvé Joseph ,
le pere de l'Empire.——

L'Empire ne manquera jamais de Souverains ; mais la nature n'a donné à l'être
sensible qu'un père , et le scélérat m'a ravi le mien.—

Quel nom odieux vient d'échapper de
votre bouche ! quoi Èponine protégerait
un scélérat ! ah ! frappez, s'il le faut , votre
victime , mais ne la calomniez pas. —

Eh ! quel autre nom la grammaire de
l'honneur peut elle donner au barbare qui
pouvant combattre mon pere,l'a assassiné?—

On a égaré , je le vois , votre tendresse
vertueuse. On vous a caché que votre pere
avait été le premier assassin.—

Mon pere , Èponine !—

Lisez le procès verbal du Conseil de
Guerre , vous verrez que le coupable qui
vous est cher , et qui a expié son crime
par sa mort , tenant l'épée nue sur la poi-
trine de votre ennemi , au moment où il
lui ordonnait le plus affreux des attentats,
prononça ce mot terrible , FRAPPE OU

breurs... notre infortuné a été arraché par
ce mot aux loix sociales , il a vengé la
nature , il n'a point assassiné. —

Quelle horrible lumière , Éponine , faites vous luire à mes yeux ! je ne connais
maintenant que trop , quel est le coupable dont j'ai à rougir : je vois qu'avant
qu'il reçut le coup de la mort , je n'avais
plus de pere. —

L'Empereur vous en servira ; j'ai quelqu'ascendant sur lui ; allez m'attendre au
Palais , je veux vous jetter moi même dans
son cœur , et réclamer pour vous le droit
qu'il m'a donné a ses bienfaits. —

Au premier détour du labyrinthe , Éponine vit avec surprise l'officier de Belgrade ; il n'avait pas perdu un seul mot de
l'entretien , et l'épée nue à la main , il
attendait , avec la sérénité de l'honneur
qui ne s'est jamais manqué à lui même ,
le dénouement de cette étrange avanture.

A l'approche du jeune Seigneur , il l'a-
borde avec dignité. Monsieur , lui dit-il , je

ne vous ai pas offensé, mais je vous ai rendu du malheureux ; je puis m'excuser auprès de la loi, mais non auprès d'un fils que j'ai fait orphelin. Si, après cet aveu, l'honneur vous dit d'égorger un pere, pour venger le votre, vous me voyez prêt à me mesurer avec vous.

L'honneur, monsieur, dit le jeune homme, me dit de vous fuir, et de vous estimer toujours. Et sans attendre d'autre réponse, il prit avec précipitation la route du Château.

Éponine, pendant qu'elle faisait une belle action, songeait peu à regretter qu'elle eut retardé une de ses jouissances : rendue enfin à la liberté, après le départ du jeune Seignenr, elle sentit plus que jamais le besoin impérieux que lui faisait son cœur d'ouvrir la lettre dn chevalier : déja elle mettait sa main palpitante dans son sein, lorsque tout-à-coup la cloche d'allarmes sonne au Palais, et une multitude éperdue se répand dans les jardins ;

dins , criant : Joseph se meurt , nous n'a-
vons plus de pere.

Une héroïne vulgaire aurait fermé sa
lettre avec dépit ; Eponine oublia qu'elle
en avait une , et se précipitant au Château ,
elle vint baigner de ses larmes la main
froide et inanimée du Prince , à qui elle
avait contribué à donner une des années
du règne de Marc-Aurèle.

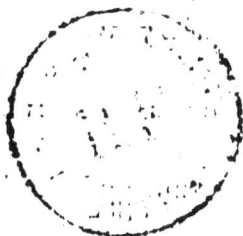

CHAPITRE XXXIII.

MORT

DE L'EMPEREUR.

Il y avait déjà près d'une heure que
l'Empereur avait paru rendre le dernier
soupir ; les trois Généraux de Lascy , de
Haddick , et de Lawdon , étaient debout
autour du Prince , plus émus de l'appareil
de ce lit de mort , qu'ils ne l'avaient jamais
été du spectacle déchirant d'un champ de
bataille ; le Prince de Kaunitz , et le Philosophe , penchés chacun de leur côté sur ce
lit funèbre , semblaient épier encore la
mort à son passage , pour recueillir les dernières volontés du Monarque ; un silence
effrayant régnait dans la vaste solitude du
Palais Impérial , et ce silence n'était inter-
rompu qu'à divers intervalles par les san-
glots des Archiduchesses.

Après un quart d'heure de l'attente la
plus cruelle, Éponine, à force de baigner
de ses larmes brulantes, la main glacée de
l'Empereur, lui rendit une ombre de mouvement. Ce prodige n'était pas nouveau
pour elle ; elle en avait fait l'essai dans
l'hospice de Belgrade. Peu à peu quelques
faibles étincelles des derniers principes de
la vie, se réunirent dans la tête du Prince;
il ouvrit à demi un œil éteint, et reconnais-
sant la jeune héroïne, Éponine, dit il, je
remercie le ciel de renaître encore un moment, pour m'occuper de vous. Le chevalier de Villeneuve gémit à Paris, dans une
espèce de prison d'État ; si son innocence
succombe, mon Ambassadeur a ordre de
le réclamer ; je lui ai conféré un grade dans
mes troupes, je veux être le Souverain de
tous les hommes vertueux que leur patrie
persécute.... vous êtes émue... hélas ! je
n'ai que quelques minutes à jouir du spectacle touchant de votre sensibilité ; mais si
ma dernière prière a quelque poids à vos
yeux, je revivrai pour vous dans ce jeune
héros; et, pour qu'il vous devienne plus
cher, je lui transporte tout le prix de

ce bienfait , et votre reconnaissance....

Sœurs chéries , dont j'emporte le souvenir dans la tombe , braves Généraux ,
sous qui je m'honore d'avoir servi , et toi
sage Kaunitz , qui m'appris l'art de régner ,
je meurs plein de vous , et je vous lègue
comme le don le plus cher de mon amiti' ,
au Grand Duc mon frere , qui va hériter
de mes Couronnes , et me faire oublier.

Je te lègue aussi à ce frere vertueux ,
mon cher Platon , toi qui me sauvas la vie ,
et l'honneur devant Belgrade ; toi que j'aimais à appeller mon pére , quand il m'é-
chappait quelques actions dignes de mémoire....

Mais ce frere ne vient point ; il devait
cependant arriver , pour recueillir mon
ame errante , sur mes lèvres ; pour recevoir les derniers conseils d'une amitié qui
ne peut plus l'égarer ; pour lui apprendre
à parler à ses comtemporains , comme je
vais parler à la postérité....

En ce moment , la tête de l'Empereur

parut s'affaisser , ses yeux se fermerent ,
mais le nom de Léopold qu'il balbutiait
encore , annonçait que l'image de ce Prince lui était présente ; on aurait dit qu'il
avait besoin de cette image , pour sortir
avec moins d'amertume des portes de la
vie.

Après un quart d'heure de léthargie ,
l'entrée subite de l'Archevêque de Vienne
ayant fait ouvrir avec quelque fracas la
porte de l'appartement , le Prince , plein
de l'idée de son frere , crut qu'il arrivait ,
et l'œil toujours fermé , il fit quelqu'effort pour lui tendre la main. Cette main
n'avait pas encore été quittée par Éponine ; quelques larmes qui la mouillerent
alors entretinrent l'illusion de Joseph , qui
croyant sentir les caresses de Léopold ,
voulut les reconnaître en lui parlant ainsi.

Je connais votre cœur sensible , mon
frere ; vous me regretterez encore long-
tems , après avoir hérité de mes Couronnes : mais ne rendons pas trop pénible ,
par une tendresse déchirante , le moment

C 3

de notre séparation ; j'ai besoin du calme
de l'ame, pour vous faire part de quelques
erreurs de mon règne, pour vous empêcher de recueillir la haine de mes peuples
pour héritage.

J'étais né , mon frere, pour opérer de
grandes choses , mais je ne connaissais pas
les hommes ; j'ai voulu les amener à la
régénération par le despotisme , et j'ai gâ-
té tout le bien que je méditais , en l'opé-
rant avec des Rescrits arbitraires et des
bayonnettes.

L'opulence du Clergé , l'impéritie des
loix me semblaient autant d'insultes à la
raison de ce siècle de lumières ; mais l'arbre social ne portait pas toujours des fruits
de mort ; il fallait l'émonder , et non l'abbatre : j'ai voulu y porter la coignée , et
ce Cèdre , formé de douze siècles de sagesse et d'erreurs , en tombant , m'a
écrasé de ses débris.

J'ai trop admiré le dernier héros de la
Prusse , et les brillantes folies de son règne m'ont fait entreprendre la guerre cri-

minelle contre les Ottomans : cette guerre
qui a déjà couté cent mille hommes à
l'Empire , et deux cents millions à son
trésor , pour conquérir le rocher de Belgrade , qu'il faudra rendre , à la paix , à
ses premiers maîtres.

Une guerre encore plus odieuse fait luire un jour terrible sur les fautes de mon
règne ; c'est celle que j'ai déclarée à mes
propres sujets , aux peuples du Brabant ;
je suis parti de l'abominable maxime , que
le Pouvoir , quelques soient ses torts , ne
doit jamais reculer , et j'ai appesanti un
sceptre d'airain sur leurs têtes : heureusement que ce Brabant n'est pas encore assés mûr pour être libre ; il croit repousser
mes soldats , avec des Moines armés , et
rendre inutile mon artillerie , en prome-
nant dans les rues des Crucifix. Si vous
avez la sagesse , mon frere , d'abolir les
loix de sang de mon Ministére , de porter
un esprit conciliateur , au milieu des discordes , de consulter des peuples égarés ,
pour les rendre heureux , le plus beau patrimoine de votre maison ne vous échap-

pera pas , et l'histoire ne dattera point de
votre règne , l'érection du Brabant en république...

Mais je ne sens déjà plus , mon frere ,
vos caresses touchantes.... pressez encore
cette main glacée que je ne sçaurais sou-
lever jusqu'a la hauteur de votre bouche...
Il me reste un dernier trait de lumière à
vous donner ; et j'ai besoin que votre sensibilité concentre encore dans le même
foyer , quelques principes de vie qui sont
sur le point de s'exhaler...

Il y a bien-tôt neuf mois que la France
est en insurrection , contre son Souverain;
et tout me présage que cette révolution ,
si elle arrive à son dernier dégré de matu-
rité , peut à la longue régénérer ou abbattre tous les trônes de l'Europe.

Cette révolution est évidemment l'effet
de cette raison , qui, depuis la découverte
de l'imprimerie , tend sans cesse à améliorer l'espéce humaine. Mais il est difficile
maintenant de reconnaître cette pureté de
principe , parce qu'en général elle a été

soutenue par des hommes sans génie , et contrariée par des hommes sans vertu.

Observez avec intérêt , mon frere , mais sans y prendre part , ce grand défi fait par la France , à tous les préjugés qui infes-tent l'univers.

Si la raison triomphe des factieux , qui l'assassinent sous sa livrée , le torrent se répandra , mais lentement , autour de la France, et, surmontant toutes les digues que les Rois voudraient lui opposer , il finira par couvrir les deux mondes.

Si la révolution des factieux l'emporte , comme je le pressens , sur celle de la rai-son , le torrent n'inondera , pendant quel-ques années , que la France qui l'a vû naître , et ne débordera pas dans l'inter-vaile , dans l'Europe.

Quelque soit l'évènement , il n'est pas de l'intérêt de l'Allemagne de s'armer pour ce qu'elle appelle la cause des Rois : ceux-ci , n'ont que l'alternative ou de se laisser subjuguer paisiblement par les lu-

mières, ou de rester spectateurs tranquil-
les des discordes de la France, pendant
que ses factions vont s'entredétruire.

Les Princes du corps Germanique, le
Pontife de Rome, et tous les despotes,
vous proposeront une ligue pour forcer la
France à reprendre ses anciennes chaînes;
ne heurtez pas de front cette politique de
la terreur, mais composez avec elle; of-
frez vous, pour concilier les différents
que ce nouvel ordre de choses fera naître
dans les Cabinets de l'Europe; dites qu'il
est de la dignité du chef de l'Empire d'ê-
tre le médiateur des États, plutôt que le
vengeur des Rois.

On vous peindra, avec quelqu'énergie
sans doute, les malheurs de la Reine de
France; mais songez qu'elle est en ôtage
parmi ses ennemis, et qu'une fausse démarche peut la perdre. Au reste ma sœur
m'est connue; elle a le grand caractère
de sa mere, et si la France ne devient pas
une Démocratie absolue, c'est-à-dire le
plus insensé et le plus pervers des gouvernements, tôt où-tard le génie de cette Prin-

cesse mettra à ses pieds ceux qui deman-
dent sa mort ; laissez son courage aux prises avec une scélératesse maladroite : elle
se dérobera à tout , excepté à la gloire ,
puisqu'elle est sortie triomphante de la
nuit des régicides.

Mais je le répete , mon frere , une guerre avec la France , quellequ'en soit l'issue,
n'aménera que du carnage. Connaissez
vous ce que c'est que de vouloir forcer
l'opinion , chez un grand peuple , qui a la
conscience de ses forces , et qui s'arme
pour les déployer ? le fanatisme de la liberté , sera pour lui ce qu'était le fanatisme de la religion chez les Arabes ; les héros naîtront en foule , sous la hache qui
les frappera , et pour vaincre dix millions
d'ennemis , il faudra les exterminer.

Si cependant , à l'aspect des tyrans su-
balternes , qui succéderaient à ses grands
despotes , la France elle même....

Ici l'infortuné Souverain s'arrêta. Depuis quelque tems , sa parole convulsive
ne s'échappait qu'avec effort, d'une bouche

qui refusait de s'ouvrir : sa pensée était encore active, mais les termes qui l'exprimaient se perdaient , avant d'arriver à l'oreille d'Eponine. Après un quart d'heure de silence , il fit un mouvement, pour se tourner du côté du prétendu Léopold ; ses yeux étaient toujours fermés , mais à une faible teinte , qui vivifiait son front , on pouvait juger que sa tête rassemblait toutes ses forces , pour produire un dernier acte d'intelligence.

Léopold , dit-il , vous aimerez, ainsi que moi , le bien de la terre , mais si vous vivez long-tems , vous le ferez mieux.... heureusement qu'en vous dissuadant de la conquête de la France , j'expie envers mes peuples , le crime de la conquête de Belgrade... enfin mon dernier vœu a été pour mes sujets... mon frere , acquittez encore la dette de mon cœur , envers Éponine et son pere... tout me quitte... le voile tombe... l'éternité commence pour moi.... venez tous....

En ce moment , le Philosophe se jette à

genoux au pied du lit de Joseph. Éponine,
égarée par son émotion, quitte la main du
Prince, et se précipite sur sa bouche,
comme si elle avait voulu arrêter cette
ame magnanime à son passage. C'était la
dernière scène de ce drame terrible : la
nature semblait s'être épuisée dans les prin-
cipaux personnages : Éponine resta sans
connaissance sur le lit de mort, et l'Empereur, en se soulevant pour l'embrasser,
expira.

CHAPITRE XXXIV.

ÉPONINE

ET SON PERE TRAVERSENT, AU PÉRIL DE LEUR
V.E, LA FRANCE EN INSURRECTION.

ÉPONINE était à peine rendue à la vie et à
la douleur, que son pere, pour l'arracher au
spectacle le plus déchirant, voulut qu'elle quittât le Palais Impérial, et prit avec
elle la route de la France, sous la conduite
de l'officier de Belgrade.

On marcha toute la nuit, dans ce silence
du désespoir, qui empêche les pleurs de
couler, mais les premiers feux du soleil,
ces feux bienfaisants, qui parlent à la fois
au cœur de l'homme et à la nature, ne
tarderent pas à tirer Éponine de son affaissement : ses yeux devinrent humides, sa
téte se pencha avec sensibilité, sur le bras
du Philosophe. Cependant ce calme dura

peu : la jeune héroïne en sortit , par un
mouvement violent que rien n'avait prépa-
ré : elle porta , avec une inquiétude qui
se décélait dans ses sombres regards, sa main
dans son sein ; et se voyant trompée dans
son attente , elle s'écria avec amertume :
JE L'AI PERDUE , MON PERE.

Il s'agissait de la lettre du chevalier ,
qu'Éponine , depuis vingt quatre heures
avait à sa disposition , qu'elle brûlait de
lire , et que , par une fatalité étrange , elle
n'avait pu encore décacheter ; il était aisé de soupçonner qu'elle l'avait laissé
échapper sur le lit de l'Empereur , lorsqu'elle tomba sans connaissance : mais les
grandes passions ne raisonnent pas ; Eponine , honteuse d'un cri d'effroi , qui laissait trop lire dans sa pensée, composa son
visage , et comme si elle avait oublié la
perte que son cœur venait de faire , elle
jetta l'entretien sur celle que la mort de
Joseph faisait éprouver à l'Europe.

L'officier de Belgrade plus calme , com-
bina toutes les circonstances , et résolut

le problème ; à la première poste , il prit
à part le Philosophe , lui dit que , dans un
départ aussi précipité , il avait oublié de
demander au prince de Kaunitz , les lettres de Joseph pour son Ambassadeur à la
Cour de Versailles , et offrit de .retourner
à Vienne. Platon , qui devinait sa générosité , y consentit. La route de l'Allemagne était sûre pour les voyageurs , et il
fut convenu qu'Éponine et son pere la
poursuivraient. Le rendez-vous fut donné,
au dernier village de la frontière.

L'officier réussît au dela de son attente ;
non seulement il apporta la lettre si chère
à Eponine , mais encore les dépêches du
dernier Empereur. Le Prince de Kaunitz y
joignit , de son propre mouvement , un
passeport infiniment flatteur , et le tout fut
mis dans une boëte d'or enrichie de dia-
mants, où était le portrait de Joseph, et
qui renfermait ponr: ent mille francs de
lettres de change.

La réunion des voyageurs se fit vers le
milieu de mars 1790 : c'était l'époque de
la

la fonte des neiges ; on vint les avertir ,
que , s'ils tardaient une heure à passer le
torrent débordé qui servait de limites à
l'Allemagne , la plaine serait inondée long-
tems , et ils se décidèrent à traverser aus-
sitôt les frontières : la boëte fut placée
avec soin , mais sans être ouverte , dans la
voiture , et on entra en France.

Il régnait alors un cordon de troupes
soit volontaires , soit soudoyées , qui gardait la Monarchie de Louis XVI , comme
on garde une citadelle ; l'on exposait sa
liberté à y entrer , et sa vie à en sortir :
car par une contradiction , dont la politique n'offre d'exemple que dans le dix huit
tième siècle ; le peuple qui se disait le
plus libre de la terre en masse , ne permettait de l'être individuellement ni aux
étrangers , ni à ses citoyens.

A la vue du passe-port du Prince de
Kaunitz , quelques volontaires ombrageux
jugèrent qu'il s'agissait d'une intrigue secrette entre les Cours de Vienne et de Versailles ; les réponses ingénues des voya-

geurs , sur l'accueil qu'ils avaient reçu de
Joseph , ajoutèrent a la défiance ; et bientôt s'accrédita le bruit insensé , qu'un
vieillard et une femme , venaient, du fond
du Péloponèse , conjurer , pour établir à
Paris le despotisme de Constantinople ,
ou la Loi Royale de Danemarck.

L'officier de la bande des inquisiteurs
d'Etat , sourd à tous les éclaircissements ;
entra dans la voiture pour garder à vue les
voyageurs , ainsi que leurs effets ; des soldats montèrent sur le siège , aux portières ,
et jusques sur l'impériale ; et c'est , dans
cet appareil ignominieux , que les amis du
premier Souverain de l'Europe , arrivèrent à la plus prochaine des municipalités.

Après une nouvelle lecture du passe-
port , le Maire fit , avec toute la dignité
du représentant d'un peuple libre , l'in-
ventaire des effets des voyageurs ; la voiture fut sondée par-tout , les coffres forcés , et on obligea les trois infortunés à
se dépouiller en partie de leurs vêtements ,
pour que rien ne fut soustrait aux regards.

La boëte d'or n'échappa point aux recherches inquisitoriales ; et comme Eponine
pâlit , en se la voyant arracher , les indices
s'aggravant dans ces têtes ombrageuses , le
Maire l'ouvrit à l'écart en présence des officiers municipaux , brisa le cachet des lettres , et les lut , en y ajoutant ces interpré-
tations sinistres , qui , aux yeux des hommes de sang , tiennent lieu de génie au patriotisme.

Le résultat de la délibération ne tarda
pas à être annoncé aux victimes ; on leur
déclara que , sur la gravité du délit dont
on les soupçonnait , on allait les conduire
sous bonne garde à Paris , pour y être ju-
gées par son Comité des Recherches.

La boëte d'or , qui renfermait les preu-
ves du délit de lèze-nation , fut remise au
chef des satellites , et on lui permit de dé-
frayer toute sa troupe avec les lettres de
change.

Le délire de cette oppression empêcha
les amis de Joseph d'en sentir toute l'amertume. Le peuple Français est sensible , de

sait le Philosophe , on le pousse à la violation de tous les droits de l'homme , mais
c'est pour lui un état contre nature : l'arbre , courbé avec effort vers la fange , re-
prendra bientôt sa direction primitive ;
et , si nous ne heurtons pas de front les
préjugés de la nouvelle religion Française ,
nous pouvons trouver des défenseurs jus-
que parmi nos bourreaux.

La sérénité du vieillard amena insensi-
blement celle d'Eponine. Il est vrai, disait-
elle , qu'il y a une jouissance pour des
ames telles que les notres , à s'élever plus
haut que le malheur... mais n'admirez
vous pas , mon pere , ajoutait-elle en souriant , cette bizarrerie de la destinée , qui
condamne la lettre de notre esclave à n'ê-
tre lue , que par nos persécuteurs ?

Cependant le danger des voyageurs crois-
sait , à mesure qu'ils approchaient de la
Capitale : on ne voyait sur la route , que
des traces de dévastation , d'incendie de
châteaux , d'assassinats commis au nom
de la liberté : des brigands déchaînés pro-

fitaient du silence des loix , pour se répandre dans les campagnes , et ils achetaient ,
en immolant quelques victimes proscrites
par les Comités des Recherches , l'impú-
nité de leurs propres brigandages.

A environ cinquante lieues de la frontière , quelques jeunes gens armés , qui
s'honoraient du titre d'amis de la révolution , sous prétexte de protéger l'escorte ,
vinrent se joindre à elle ; ils lui firent traverser un village ameuté par leurs conseils
perfides , et qui , pour honorer la cause
des lumiéres , avait conjuré contre la vie
du Philosophe.

Aux premiers cris d'un peuple effrené
qui demandait sa tête , le pere d'Eponine
descend d'un air calme de sa voiture , et
de ce ton de majesté qui commande le
respect , le voici , dit-il , cet étranger qui
devint l'ami de l'Empereur pour être resté
libre à sa Cour : en adoptant la France
pour sa Patrie , il croyait venir mourir
parmi ses amis et n'avoir pas à pardonner
à ses assassins.

H 5

Ces mots, sortis avec expression du fond
du cœur, firent leur effet sur des hommes
que l'habitude du sophisme n'avait pas encore pervertis : ils considérèrent avec quelqu'attention cette tête vénérable, qu'ils
avaient osé proscrire, et leurs cris de fureur expirèrent peu-à-peu dans leur bouche. Non, ajouta le Sage, on en impose à
votre patriotisme, vous n'êtes point des
hommes de sang, je ne serai point venu,
au péril de ma vie, m'éclairer avec vous ;
ce n'est point en rendant ma fille orphe-
line, que vous acquitterez envers moi les
droits sacrés de l'hospitalité.

Platon n'avait pas encore prononcé ces
derniers mots, et déjà il n'avait plus d'ennemis ; les scélérats qui l'avaient conduit
dans le piége, craignant d'être démasqués,
prirent la fuite presque tous, et cet in-
dice de perfidie achevant d'éclairer le peuple, il se mit à porter en triomphe, au
milieu des chants de bénédiction ; le Philosophe qu'il avait voulu assassiner.

Au milieu du tumulte, le chef des amis

de la révolution voyant changer l'opinion populaire , plus adroit que ses complices , avait fait un éloge hypocrite du Philoso- phe , ensuite , convaincu que personne n'avait lû dans sa pensée , il avait repris tranquillement avec l'escorte la route de la Capitale.

On marchait avec lenteur , et on s'ar- rétait long-tems. A la première station , l'homme suspect s'éclipsa pendant une heure , et revint ensuite hors d'haleine se rejoindre à la troupe de garde : cette ab- sence parut de l'augure le plus sinistre au pere d'Eponine , et il ne fut point trompé dans ses conjectures : on avait à peine fait une demi-lieue , qu'à l'entrée d'un petit bois qui bordait la route , parut une trou- pe d'hommes demi-nuds , bizarrement armés , et de femmes vagabondes , qui investirent la voiture , demandant à grands cris qu'il leur fut permis de dé- livrer la France du plus dangereux des conspirateurs.

Le Philosophe descendit avec son intré-

H 4

pidité ordinaire, et usant d'une ressource
qui lui avait déja si bien réussi , il tenta
de ramener par les graces touchantes de
ses discours, une multitude qu'il ne croyait
qu'abusée ; mais le scélérat , qui avait
ameuté cette seconde troupe , avait tout
prévu ; convaincu que, toutes les fois que
l'étranger pourrait faire usage de son éloquence , il entrainerait tous les esprits , il
avait concerté l'affreux stratagème de le
condamner au silence : en effet , toutes
les fois que le pere d'Éponine ouvrait la
bouche pour calmer les flots populaires, un
tambour placé derrière lui , sous prétexte
d'appeller une milice sans expérience à la
discipline , faisait retentir le bois du fracas
de son instrument. Le péril était urgent;
dejà les piques meurtrières étaient dirigées
contre le Philosophe , lorsque tout-à-coup
Éponine et l'officier de Belgrade , s'élan-
cent de la voiture. Éponine , les cheveux
en désordre, le feu de l'amour filial dans
les regar ., se place entre la pique la plus
avancée et le corps de son pere , qu'elle
tente envain de couvrir , et un genou en
terre , dans l'attitude de supliante , elle,

courbe avec effort l'instrument de carnage
sur son sein, comme pour indiquer qu'elle offrait de remplacer la victime.

A côté de l'infortuné, se montrait l'officier de Belgrade, l'œil étincelant de cou-
roux, et la main sur la garde de son épée,
défiant seul une multitude sans frein, lui
traçant une ligne autour du pere d'Éponine, et menaçant d'immoler quiconque aurait l'audace de la franchir.

Dans un coin de ce tableau terrible, on
voyait l'escorte du Philosophe, rangée en
demi-cercle, la bayonnette au bout du fu-
sil, attendant le succés des premières hostilités pour se décider, et prête également
à protéger les assassins de leur prisonnier,
où son libérateur.

Mais un crime aussi inexpiable ne devait
pas souiller les annales de la révolution
Française : en vain le tambour excité par
des insinuations atroces redoublait de fracas, le tableau déchirant que présentait
Éponine grouppée aux pieds de son pere,
et voulant mourir pour lui, avait une élo-

quence muette , plus sublime encore que
les plus beaux mouvements oratoires de
Bossuet et de Démosthène ; tout ce qui
n'avait pas abjuré la nature dans cette horde
sauvage d'assassins , plaida dans son cœur
la cause de la nature , ce qui était la faire
gagner au Philosophe.

On peut vaincre deux fois dès êtres vils,
mais on ne les dompte jamais. Le fougueux
ami de la révolution , outré de ne s'être
point souillé d'un double crime et d'en
avoir les remords , imagina un autre stratagème, pour ne partager avec personne la
gloire de porter la tête du pere d'Éponine,
au Comité des Recherches.

Le jour commençait à tomber , et les
soldats d'escorte , afin d'éviter une pluye
d'orage , laissaient la route a demi-inondée,
pour suivre la lisière du bois. Le scélérat
se glisse derrière la voiture pour la briser ;
il espérait que pendant qu'on s'occuperait
à la réparer , le Philosophe serait déposé
dans le bois , et que là, à la faveur des ténèbres , de l'orage , et surtout de l'insou-
ciance des gardes , il exécuterait sans dan-

ger son crime patriotique. C'était là que l'attendait la justice céleste ; le ressort frappé avec violence se brisa en effet, mais comme la voiture était prodigieusement chargée , l'effort qui fit tomber la caisse rompit aussi l'essieu , et par contre-coup une des roues , sous laquelle l'homme a- troce se trouva enseveli.

Éponine et son pere , descendus dans le bois , n'eurent rien de plus à cœur que de prodiguer les soins les plus touchants à leur assassin. Tout son corps fracassé n'é- tait qu'une playe ; mais le coup le plus dan- gereux qu'il avait reçu venait de son cou- telas , qui au moment de sa chute lui avait coupé les entrailles : le scélérat , ayant re- pris ses sens , s'étonna de voir le Philoso- phe étancher le sang de ses blessures. Le fanatisme de la liberté permet rarement , comme celui de la religion , de mourir hy- pocrite. Malheureux vieillard , dit d'une voix étouffée l'homme pervers , connais tu celui que tu écrases de ta sensibilité ? ap- prends que, dans le cours de quelques heures, j'ai voulu deux fois te faire assassiner. —

Je le sçavais, répond froidement le philosophe. —

Non, tu ne sçais pas tous mes crimes. Tu vois ce coutelas, dont la lame s'est partágée dans mon corps ; eh bien il était destiné dans quelques moments, à faire tomber ta tête. —

Malheureux ! tu n'aurais frappé qu'... ponine —

Des écrits incendiaires avaient allumé mon sang ; on m'aurait fait boire par vertu celui de l'ennemi de mes opinions ; ma mort, et surtout ta grandeur d'ame, déchirent le voile étendu sur mes yeux ; je reconnais enfin qu'il n'y a de Patrie que pour l'homme de paix ; et tout égaré que j'ai été par une doctrine de Cannibales, je sens que le pardon généreux que tu me donnes me sauve en expirant d'affreux blasphèmes. —

Ce fut là le dernier danger auquel le philosophe fut exposé dans sa route. Les soldats même de son escorte, amollis par son

inaltérable douceur , cédant peut être à l'ascendant invincible des graces d'Éponine ,
s'étonnaient quelquefois , en traitant leurs
prisonniers d'ennemis de la France , de s'attendrir sur leurs malheurs.

Éponine , rassurée sur le sort d'un pere ,
commença de ce moment à rêver sur la bizarrerie du sien : la captivité du chevalier ,
l'idée déchirante d'avoir pu être instruite
par sa lettre des moyens de le sauver , vinrent assiéger son ame par toutes les issues
qu'elle offrait à la sensibilité : quelquefois,
au milieu d'un sommeil pénible , elle versait des larmes dont son innocence aurait
rougi à son réveil ; le Sage ne trouva d'autre moyen d'empêcher sa fille de s'entretenir avec son cœur , que de parler avec
force à son entendement ; il se mit donc à
philosopher avec elle le reste de la route.

CHAPITRE XXXV.

PANDORE,

ou

DE L'OPTIMISME

DANS LA LÉGISLATION.

Un jour que la fatigue de l'escorte ;
obligea la voiture de s'arrêter dans une
plaine riante, dont la robe de verdure avait
toute la fraicheur du printems, voyez mon
pere, dit Èponine, comme cette nature
est belle ! je me crois dans le vallon de
Tempé, dans ce vallon qui a fourni tant
d'idées riantes à l'imagination des poëtes,
et qui pourrait bien aujourd'hui fournir
quelques idées grandes à la raison profonde de l'élève de Socrate.

Je le pense comme toi, ma fille : les
idées riantes sont loin d'exclure les idées

fortes ; pourquoi Homère et Sophocle , les
deux poëtes les plus étonnants , dont la
moyenne antiquité s'honore , placent ils ,
avec une magie si attachante , des tableaux
du coloris le plus frais , à côté d'autres
dont la teinte est plus sévère ? pourquoi
sont ils simples et sublimes tour à tour ?
c'est que nés sous le beau ciel de l'Asie
Mineure et du Péloponèse , ils sçurent
monter leur imagination au ton de la nature , qu'ils voyaient à la fois dans toute
sa richesse , et dans toute son énergie, d'u-
ne nature qui ne peut sourire à l'homme ,
sans l'étonner en même tems par sa grandeur.

Eh bien , mon pere , que ce vallon en-
chanté électrise votre génie : rien de plus
parfait ne s'est encore montré à moi , parmi les sites pittoresques que j'ai rencontrés
dans mes voyages : osez me dessiner sur
cette avant - scène le plan d'un gouvernement parfait ; et que la civilisation humaine , atteigne sous vos pinceaux la hauteur des grands ouvrages de la nature.

L'auguste vieillard employa toutes les
ressources de sa longue expérience dans le
cœur humain , pour éluder une conversa-
tion qui pesait à sa tendresse ; mais, comme
il assaisonnait ses refus de tous les épan-
chements de la sensibilité , sa fille ne se dé-
courageait point. En ce moment , de jeunes villageoises vinrent , avec toutes les
graces de leur age , leur offrir quelques
fleurs des champs , qui semblaient les pré-
mices de la nature. Éponine , touchée de
cette attention de la part d'enfans du peuple,
dont ni les vêtemens ni les manières n'an-
nonçaient les dons interessés de l'indigence , descendit de voiture avec son pere ,
et proposa aux villageoises de partager a-
vec elles son diner. Le ciel était pur , les
rayons du soleil peu actifs embrâsaient
moins la terre , qu'ils ne la vivifiaient. On
s'assit au pied d'un tilleul , dont les feuilles
du côté du midi commençaient à s'épa-
nouir , et la gaité de l'innocence , animant
tous les convives , on fit un repas délicieux,
qui fit oublier quelque tems aux prisonniers,
les amis de la révolution , les bourreaux
populaires et les Comités des Recherches.

Les

Les caresses touchantes qu'Éponine pro-
diguait à ces enfans , l'yvresse innocente
de leur joie, attirèrent bientôt autour du
tilleul , leurs peres et leurs amis ; des hommes indifférents accoururent ensuite par
curiosité , et , au bout d'une heure , l'héroïne et son pere , entourés d'une multitude
qui les bénissait , semblaient les dieux tutélaires du village.

Cependant Éponine ne perdait pas de
vue sa réverie philosophique. Mon pere ,
dit-elle, combien je me plais avec ces hommes simples de l'age d'or ! fondons un moment , au milieu d'eux , une République
parfaite , et daignez en être le législateur.

Éponine , Éponine , je croyais mon silence plus éloquent pour toi ; quoi ! tu veux
qu'au sein d'un peuple sans lumières ,
mais heureux peut-être par leur absence....

Mon pere , vous sçavez si bien rendre la
raison populaire !

Ma fille me fait violence, dit en souriant
le Philosophe , mais je me vengerai.

Mes amis , continua-t il , des hommes
d'État , dans leurs rèves politiques , ont
quelquefois cherché le gouvernement parfait : c'est à-dire , que voyant que le peuple était bien , ils ont eu l'imprudence de
lui suggérer qu'il pouvait être mieux : voici leur histoire ; écoutez moi.

» Dans un climat riant et fait pour fécon-
» der tous les principes de vie , il parut
» un jour une femme supérieure à tout
» ceque son sexe avait jamais produit de
» plus beau : figurez vous une tête de vierge,
« moulée à l'antique , dont les regards pé-
» tillants de feu , et le sourire plein de
» décence , commandaient à la fois le res-
» pect et l'amour. Cette tête reposait sur
» un corps de Souveraine , dont elle vivi-
» fiait la majesté. Quand ce chef-d'œuvre
» de la nature gardait le silence , l'ame de
» tous les êtres qui l'environnaient était
» dans leurs yeux ; quand elle parlait , elle
» restait toute entière dans leurs oreilles.

Cependant les regards de tout ce bon
peuple étaient fixés sur Éponine , qui s'a-

gitait sur son siége de verdure , rougissait,
interrogeait sans lui rien dire une jeune
villageoise. Après avoir joui un moment de
ce trouble de l'ingénuité , tu ès assés punie,
dit le vieillard , de tes questions indiscrè-
tes : je viens de tracer un portrait brillant :
c'était mon cœur peut-être qui tenait le
pinceau : mais calme toi , ma fille , ce n'é-
tait pas le tien ; Pandore seule occupait ma
pensée : c'est Pandore que j'ai offerte à
tes éloges.

Pandore , mon pere ! eh ! qu'a de com-
mun cette beauté de l'age des fables , avec
la plus parfaite des Républiques ?

Tu le sçauras un jour , Eponine ; laisse
moi , en attendant , bercer d'une fable ingénieuse les imaginations neuves de ce peuple sensible dont je suis environné. Les
fables sont l'instrument qui sert à remonter
le ressort affaissé de ma vieillesse ; et c'est
l'aliment le plus fait pour la multitude ;
quand le Sage seul se permet de parler à
sa crédulité.

* Pandore , mes amis , était trop parfai-

I 2

» te pour être née sur la terre, à la ma-
» nière du genre humain. On la représen-
» tait comme un ouvrage des intelligences
» célestes, dans le tems que le ciel, au-
» jourd'hui rempli par le seul ordonnateur
» des Mondes, était peuplé d'intelligen-
» ces. Or voici comment les poëtes, qui
» sont les historiens des tems primitifs, ra-
» content cette singulière avanture.

» Le pere des Dieux avait eu à se plain-
» dre d'un homme, qui manifestait en gé-
» nie la supériorité, que lui même avait
» en pouvoir. Les Dieux d'alors étaient
» créés par les hommes, et avaient leurs
» faiblesses. Celui-ci, qu'on nommait Ju-
» piter, ordonna au Dieu du Feu, un de
» ses favoris, de former une femme dont
» rien n'égalât les charmes naturels ; en-
» suite il pria toutes les intelligences de sa
» Cour de l'embellir de leurs dons : et,
» quand ce grand ouvrage fut achevé, il
» envoya à cette beauté, par une divinité
» malfaisante, nommée la Discorde, une
» boëte fatale, renfermant tous les maux
» qui devaient un jour assiéger l'univers.

PANDORE

ou

l'Optimisme dans la Législation.

» Pour vous rendre plus sensible cette
» histoire de Pandore , jettez un momen⸵
» les yeux sur cette Mignature, qui fait l⸍
» revers du portrait de mon Eponine ; ⸱
» peintre n'a rien négligé pour saisi⸱
» les traits caractéristiques de cette m⸱⸱
» morable avanture.

» Voici l'héroïne , an milieu des nuages
» qui servent de support au Palais céleste:
» elle est dessinée , au moment ou le Dieu
» du Feu approche de son sein le flam-
» beau qui la vivifie. Toutes les Déesses
» s'empressent à lui faire part de leurs at-
» tributs : elle reçoit de leur munificence
» le pouvoir suprême , avec la sagesse qui
» en limite l'usage : elle était née avec le
» talent de plaire , on y ajoute celui d'ai-
» mer. Mais , audessus de la tête de cette
» vierge immortelle , plane la Discorde ,
» avec sa boëte infernale , qui empoison-
» ne tous les dons dont elle peut s'énor-
» gueillir. La fille de la nature semble ,
» dans le tableau , tranquille encore : el-
» le n'a point levé les yeux au des-.
« sus d'elle : elle n'a point vû la

I 3

» piége que le ciel tendait à sa curiosité.

La boëte mystérieuse passa de main en main aux convives , et delà aux curieux qui leur servaient de cortége. Tout le monde admira l'effet magique du tableau : mais les ·patriarches du village s'obstinèrent à voir dans l'héroïne la fille du Sage , tandisque celle-ci n'y voyait que Pandore , et que le Philosophe ne voulait y voir que son phantôme de République.

Cependant toute cette multitude s'inquiétait de sçavoir ce que deviendrait la boëte magique de Jupiter : les femmes surtout manifestaient la plus vive impatience : toutes , à l'exception de la fille du Sage , se montraient curieuses de voir dénouer la fable , mais non d'en pénétrer le noyau. Ainsi , à la beauté près , il y avait autour de Platon vingt Pandores, mais il ne s'y trouvait qu'une Eponine.

Le Sage , qui, comme les héros d'Homère , aimait a discourir , quand il était à table , ne se hâta pas de parler à l'entendement d'Eponine.

» Prométhée , dit-il , était l'homme de
» génie dont Jupiter était jaloux. Le pere
» des Dieux , dans un accès de mauvaise
» humeur , avait ôté au genre humain l'u-
» sage du feu : mais Prométhée , ayant eu
» l'adresse d'escalader le firmament , s'é-
» tait approché du char du Soleil , y avait
» ravi le feu sacré , et l'avait apporté sur
» notre Globe. Les despotes du ciel , com-
» me ceux de la terre , ne pardonnent ja-
» mais les grandes actions qui les font
» rougir. Jupiter envoya Pandore toute
» nue , mais avec sa boëte , au bienfaiteur
» des hommes : celui-ci se défiait des dons
» d'un tyran , ses sens ne parlèrent point ,
» et ce fut Epimethée son frere qui l'é-
» pousa. Ce mariage fut conclu sous les
» auspices les plus funestes; à peine Pan-
» dore eut elle disposé de sa main , que,
» malgré un pressentiment sinistre , cé-
» dant à sa curiosité , elle ouvrit la boëte
» de Jupiter : à l'instant , la guerre , la fa-
» mine , la peste et tous les fléaux qui dé-
» solent aujourd'hui la terre , vinrent l'i-
» nonder. L'infortunée s'élance sur la
» boëte pour la refermer : elle y trouve

I 4

» l'espérance, qui n'avait pas eu le tems
» de s'évader, l'espérance qui berce l'hom.
» me-fait avec les songes de l'enfance, et
» le seul bien qui reste au malheureux,
» quand le ciel et la terre l'abandonnent.

Ici parut s'éteindre le grand intérét
qu'inspirait aux villageoises le récit du Philosophe : le sort de la boëte de Pandore
était fixé : c'en était assés pour satisfaire
la curiosité vulgaire : mais la curiosité de
l'être éclairé s'en irritait d'avantage : et
le vieillard se vit forcé à prolonger son entretien en faveur d'Eponine.

» J'aime beaucoup Pandore, ma fille ;
» ses avantures ont plus d'une fois fait
» sourire ma raison ; c'est dommage que
» l'héroïne telle que je viens de la peindre,
» n'aye jamais existé que dans les contes-
» bleux de la mythologie.

» Promethée ésait un Pygmée de Souve-
» rain, qui, dans l'enfance des Sociétés.
» Grecques, gouvernait obscurément la
» jolie vallée de Tempé drns un coin de la
» Thessalie ; tandis-que Jupiter, le plus

» heureux des despotes , étendait son
» sceptre d'airain sur l'Asie mineure , le
» Péloponèse et l'Archipel.

» Mais ce Pygmée de Souverain avait un
» grand fonds de lumières ; il s'était initié
» dans toutes les connaissances d'une
» haute antiquité , et fier de se voir le dé-
« positaire du génie de cent siécles, il lais-
» sait croire au peuple de ses admirateurs,
» qu'il avait dérobé le feu du Soleil.

» Comme, dans ces ages antérieurs, la
» nature plus proche de son adolescence
« devait, à raison de l'énergie de ses prin-
» cipes de vie , déployer une plus grande
» fécondité , la population de la Thessalie
» doubla sous son régne ; alors il se décida
» à envoyer, sous la conduite d'Epiméthée
» son frere , une colonie dans les régions
» voisines du Caucase.

» Jupiter avait alors le titre et le pouvoir
« de Roi des Rois , dans la plus grande par-
» tie du Globe civilisé ; Promethée , pour
» ne point éveiller sa haine jalouse , fut
» contraint de lui demander son agrément ;

» et le vieux Sultan ne consentit au dé-
» part de la Colonie, qu'a condition qu'on
» instituerait dans son sein la plus parfai-
» te des Républiques.

» La perfection a toujours été la chi-
» mère des demi-philosophes, comme des
» demi-législateurs : Prométhée ravi de se
» voir appellé à de grandes choses, eut la
» faiblesse de promettre à Jupiter, qu'il
» remplirait son attente; il livra carrière
» à son imagination ardente, et traça
» d'une main plus hardie que sage le plan
» de la plus belle des législations.

» Comme l'autorité d'un homme, s'ap-
« pellât-il Socrate, n'est rien, quand il est
» en présence du genre-humain, Prome-
» thée' eut la modestie de s'appuyer sur
» les lumières de tous les Sages qui l'a-
» vaient précédé : ainsi il parut parler à
» l'opinion de ses contemporains, fort de
» l'opinion de tous ceux qui avaient civi-
» lisé la terre depuis son berceau.

» Jupiter vit ce Code magnifique : et,

» comme il semblait le résultat de la phi-
» losophie de cent siècles , il lui donna en
» souriant le nom de PANDORE , qui , dans
» la langue harmonieuse d'Homère , signi-
» fie le DON DE TOUS LES DIEUX. On pou-
» vait en effet alors appeller les Sages , les
» Dieux de la terre : car ils n'éclairaient
» pas pour gouverner : ils n'avaient pas
» une doctrine secrette , et une doctrine
» publique , ils ne mentaient ni à eux mê-
» mes ni au genre humain.

» Cependant Epimethée , à la tête de sa
» brillante jeunesse de Thessalie , porta sa
» Pandore dans une vieille monarchie des
» Scythes , qui croyait protéger sa longue
» décadence par la barrière inaccessible du
» Caucase. L'expédition fut brillante ; la
» nation qui n'avait que de l'or , fut con-
» quise dans une campagne par celle qui
» ne portait que du fer : et l'interprète de
» tous les législateurs , voyant qu'il avait
» étonné le Globe, se crut un grand-homme

» Il est certain que le Code nouveau
» portait, à l'extérieur, l'empreinte d'une

» raison profonde. Il détruisait la double
» tyrannie du trône et de l'autel : en con-
» sacrant le dogme de l'égalité, qui comme
» le Janus à double tête des anciens, pré-
» sentait un sens raisonnable pour le Sage,
» et un sens perfide et désastreux pour la
» multitude, il offrait la même Patrie à
» toutes les grandes familles isolées du Glo-
» be. C'était un chef-dœuvre aux yeux de
» l'enthousiasme, si aisé à satisfaire : un
» seul défaut pouvait s'offrir à une raison
» plus réfléchie : c'est qu'il n'y avait que
» des Dieux qui pussent être les membres
» d'une pareille République.

» Le rusé Jupiter ne tarda pas à voir
» les pieds d'argile de ce colosse à tête
» d'or ; aussi s'allarma t il peu de sa mar-
» che imposante pour atteindre tous les
» Empires de la terre : il sçavait assés qu'il
» n'existe de prodiges qu'aux yeux de la
» crédulité. Pandore, disait-il en riant à
» ses favoris, est le chef-d'œuvre de la na-
» ture : mais la Discorde plane sur sa tête,
» et malheur à qui l'épousera !

» Cependant la Pandore de Prométhée

» fut épousée par les Scythes du Caucase ;
» on notifia solemnellement l'hymen à
» toutes les Puissances soit de l'Asie , soit
» de l'Europe ; et la première année de l'ère
» nouvelle s'écoulait encore , que déjà le
» peuple jurait par l'éternité de sa légis-
» lation.

» Pandore , toute céleste qu'elle était ,
» portait en elle même un germe de mort.
» Le législateur inhabile avait osé en con-
» fier la garde à une multitude sans prin-
» cipes , sans mœurs et sans frein , et cette
» multitude ne protégea son idole , qu'à
» fin de la briser.

» La Scythie , depuis un nombre infini
» de siècles , reposait à l'ombre du trône.
» La colonie de Philosophes, pour se met-
» tre à son aise , dans ses vastes plans de
» régénération , un beau jour , s'avisa de
» mettre le Roi dans un cachot et d'abo-
» lir la Royauté ; après ce grand coup
» d'État , elle nomma tranquillement
» Pandore , pour régner sur la Scythie et
» sur l univers.

« Pandore avait une belle tête , mais
» cette tête était mue .en sens contraire
» par plusieurs millions de bras : et le
» gouvernement n'avait qu'une activité de
» destruction ; il se tourmentait et ne mar-
» chait pas.

» C'est en ce moment que Jupiter fit
» signe à la Discorde de souffler ses poi-
» sons ; elle se rendit dans la Scythie ,
» avec la rapidité de l'éclair , pour ne la
» quitter qu'à la chute de la République.

» Le premier de ses triomphes , fut de
» punir Pandore d'être trop belle : l'ingé-
» nieuse furie réussit à armer les bras du
» corps politique contre sa tête ; et les
» compagnons même d'Epimethée , qui ne
» juraient que par l'ouvrage de leurs
» mains , mirent en pièces leur idole ,
» pour en organiser avec ses débris une
» plus parfaite encore , qui n'aurait besoin
» que de régner en paix quelques jours ,
» pour régner toute l'éternité.

» Il n'y a pas un jour de paix à espérer,
» quand une grande nation se fait un sys-

» tême raisonné de l'anarchie. De tous les
» points de l'Empire en convulsion , s'é-
» levèrent des perturbateurs sans génie ,
» qui , toujours au nom d'une Pandore
» nouvelle , vinrent déchirer l'État , le
» couvrirent d'opprobre et de sang , et
» ne servirent la cause publique , que par
» l'acharnement qu'ils mirent à s'entredé-
» truire.

» Cependant la boëte de la Discorde se dé-
» semplissait sans cesse ; on en voyait sortir
» tous les fléaux que le génie du mal semble
» avoir créés pour anéantir la race hu-
» maine , la banqueroute et la guerre , la
» famine et la peste. Il n'y resta que l'es-
» pérance : eh quelle espérance encore !
» combien elle était pénible pour l'hom-
» me de bien ! c'était celle de voir la Pa-
» trie régénérée par la conquête.

» Telle est ma fille , l'histoire philoso-
» phique de Pandore , ou de la plus parfaite
» des Républiques.

» Oh ! si jamais mon mauvais génie
» m'appelait à revivifier une vieille Mo-

» narchie , je regarderais comme le plus
» stupide des attentats , l'Optimisme dans
» la législation.

» Les élémens de tous les Êtres sont
» immuables : le génie ne peut pas plus
» les changer que les anéantir : si nous
» sommes nés petits et faibles , aucun or-
» dre de choses ne nous rendra infini-
» ment grands et infiniment forts ; la per-
» fection n'est pas plus faite pour l'hom-
» me , que l'imperfection pour le suprê-
» me ordonnateur des Mondes.

» Ce n'est pas le gouvernement qu'il
» faut d'abord organiser pour les hommes,
» ce sont les hommes qu'il faut organiser
» pour le gouvernement.

» Un peuple est il neuf ? remédie t-il par
» des mœurs pures à l'inégalité physique
» et à l'inégalité sociale ? tous les gouver-
» nements sont également bons pour lui :
» il est libre sous un despote , il est d'une
» obéissance passive dans une République.

» Ce peuple a-t-il atteint le dernier période

» riode de sa décadence politique ? est il
» cangrené jusques dans les principes de
» la vie par un luxe dépravateur ? si vous
» ne le ramenés pas, par des nuances insen-
» sibles , à la morale et à l'ordre primitif ,
» le gouvernement le plus beau , sera pour
» lui un poison : il périra par ce qui fait
» vivre les Empires de Lycurgue et de
» Marc-Aurèle.

» A quelque période qu'on prenne un
» État , il faut se garder de lui donner des
» loix, auxquelles l'intelligence humaine
» semble n'avoir rien à ajouter : car , s'il
» est pur , la perfection lui est inutile, s'il
» ne l'est pas , cet Optimisme ne fait
» qu'accélérer sa catastrophe.

» Les factieux menent avec des phantô-
» mes de République parfaite , les grands
» enfants des Capitales qu'ils veulent con-
» duire en lisières : et moi aussi je pourrais
» créer une Pandore aussi bien que Pro-
» methée : j'en ferais en apparence la beau-
„ té de tous les peuples et de tous les ages :
„ mais si j'étais le Génie du mal , si c'était

;, par les désastres de l'espèce humaine ;
,, que je comptais mes jouissances, j'en
,, verrais cette Pandore gouverner une
,, vieille Monàrchie.

» Éponine , charme de l'existence de
» ton pere , tu as tout reçu de la nature , les
» graces , l'esprit qui les fait valoir , et la
» modestie qui les fait pardonner ; mais tu
» n'es pas parfaîte , tu tiens à la nature hu,
» maine par la plus charmante des faibles-
» ses, et tu n'en es que plus intéressante
» aux yeux dignes de t'apprécier. Si on ne
» pouvait rien ajouter à ton excellence, si
» tu étais Pandore enfin... tu ne régnerais
» sur ce Globe que pour le malheur des
» hommes. »

CHAPITRE XXXVI.

IDÈES PHILOSOPHIQUES

SUR LE PEUPLE.

LES bons villageois n'entendirent point la moralité de la fable de Pandore : elle était trop relevée pour de pareilles intelligences : ils s'étaient empressés autour du Philosophe, quand il commentait Ovide ou Hésiode, mais peu à peu les flots populaires s'étaient écoulés, quand le Sage s'était fait l'interprète de la raison profonde de Zénon et de Socrate. Sur la fin de l'apologue, la table était encore garnie de ses convives, mais l'historien de Pandore ne comptait qu'Éponine dans son auditoire.

Cependant le cœur de cette multitude n'avait point changé : tous regardaient les deux étrangers comme des Anges descen-

K 2

dus du ciel , pour les consoler des malheurs
de la Patrie : les patriarches du village ,
interprétes de la reconnaissançe générale ,
offrirent même de leur rendre la liberté ,
s'ils voulaient rester parmi eux , et quand
ils les virent décidés a être les martyrs de
la loi , ils baignèrent leurs mains de leurs
larmes généreuses , et les portèrent en
triomphe dans leur voiture.

Après un long silence d'attendrissement,
le voilà donc , mon pere , dit Éponine , ce
peuple si bon , si généreux , quand il est
livré à lui-même ! comment s'est il laissé
dégrader par des Catilina sans génie , jusqu'à devenir une horde d'assassins ?

On l'a armé ma fille , dit le Philosophe ,
et il est devenu vil et féroce , comme les
factieux qui voulaient régner par ses brigandages.

Il ne faut donc jamais , reprit Éponine,
armer le peuple , même contre la tyrannie.

Ici le vieillard parut se recueillir quelque tems , pour ne point égarer par une

réponse vulgaire la logique naturelle de sa fille ; ensuite se voyant plein de son sujet , il satisfit ainsi sa curiosité.

Le législateur qui croit avoir besoin du peuple pour détrôner des tyrans , est ou stupide ou pervers , et quelquefois il est tous les deux. Le peuple tiré des vertus paisibles , auxquelles il est sagement condamné par son défaut de lumiéres , forme un ordre social contre nature ; aussi sa marche est elle aussi aveugle que son entendement : il ne juge pas ses amis où ses ennemis , il les frappe : il ne régénère pas un État , il y entasse des ruines : il ne conbat pas pour affranchir des esclaves du joug de leurs maîtres , mais son soufle, comme celui du vent empoisonné du désert , met à mort ▮▮fois les maîtres et les esclaves.

Le peuple partout doit être heureux : il n'y a que les gouvernements pervers qui le tourmentent où l'avilissent; et dans tout État où la philosophie n'est pas impuissante , il faut que cette classe , sans laquelle

K 3

les autres ne sont rien , soit protégée par
les hommes qui éclairent leur pays , si elle
est abandonnée par ceux qui le gouvernent.

C'est surtout en France , que le peuple
tourmenté par le triple fléau des Intendants,
des chasses Seigneuriales et des gabelles ,
devait appeller par ses vœux les regards
bienfaisants des régénérateurs : au reste , du
moment que toutes ces tyrannies étaient
détruites , son age d'or commençait , et la
Patrie qui avait fait serment de le rendre
heureux , avait acquitté sa dette.

Mais mettre au timon du gouvernement,
les bras indociles qui ne doivent faire usage de leur vigueur que pour la manœuvre,
transformer en force publique des hommes , que partout la force publique doit sur-
veiller , armer pendant le sommeil des loix
une multitude sans frein , contre qui les
loix ont été faites , c'est le dernier période
de l'impéritie de la part des législateurs.

La France sera peut-être un siècle à expier le délit politique d'avoir armé le peu-

ple soit des villes , soit des campagnes ,
pour soutenir la cause sublime de sa révolution. Le fer qu'on a eu la maladresse de
lui apprendre à manier , ne sortira pas impunément de ses mains indociles ; il luttera
plus d'une fois avec sa force aveugle contre la force raisonnée des loix : plus d'une
fois, en protégeant le culte de la Patrie , il
mutilera l'autel, et immolera ses adorateurs.

Des hommes d'État , nés d'hier , ont prétendu que sans une succession d'émeutes
populaires qu'ils dirigeaient , la France
n'aurait jamais été régénérée ; c'est calomnier à la fois le trône , les citoyens et la
révolution.

Le trône a plié , et il est devenu à jamais
soumis au Souverain, depuis le jour , où
une intrigue Ministérielle ayant appellé
une armée pour effrayer la Capitale, cette
armée a désobéi.

A l'époque où les Bastilles tombèrent ,
et où deux cents mille épées escortaient le
Monarque , qui venait s'humilier devant ses

K 4

sujets, tous Français éclairé devint citoyen.

Du moment qne les États Généraux ,
constitués de leur autorité privée en Assemblée Nationale , ont été reconnus sous ce
titre , par l'ancien représentant du Souverain , la révolution a été faite , et la France
a eu le droit de se régénérer.

. Jusques là , je ne vois que l'effet des lumières : ce sont elles qui , en offrant le
simple simulacre de la force publique , ré-
tablirent avec toutes ses clauses l'ancien
Pacte Social entre un Roi et ses peuples ,
Pacte , sans lequel il n'y a point de Monarchie.

Tout ce qui a été ajouté à cette première
explosion , n'a fait que gâter la cause de
la philosophie , et créer des ennemis éter-
nels à la révolution.

Le peuple déchaîné dans Paris , le jour
de la chute de la Bastille , en assassinant
avec la froide barbarie des Cannibales , les
Launay , les Foulon , les Berthier et les
Flesselles , a banni d'une Capitale qu'ils

faisaient vivre , les Princes du Sang , l'élite des hommes de guerre et les chefs de la Noblesse.

Le peuple déchaîné dans Versailles , le cinq octobre , dans la vue d'assurer la sanction d'un Roi captif , à la Constitution d'un peuple libre , a couvert d'opprobre la France , qui doute encore si elle punira le crime épouventable de la nuit des régicides.

Le peuple déchaîné dans les provinces , en embrâsant , au nom de la Patrie , les héritages de ceux qu'on n'a pas eu l'art de rendre citoyens , en massacrant avec une barbarie rafinée des chefs de famille , qui combattaient pour la défense de leurs foyers , en mangeant des cadavres mutilés avec la joie des antropophages , ce peuple , dis-je a appris au cultivateur paisible à trembler au mot si doux de Patrie , et à l'homme qui n'a pas secoué tous les préjugés , à blasphémer le nom de philosophe.

En un mot , l'idée infernale qu'on ne pou-

vait régénérer la France sans armer le
peuple , a produit plus de maux que le
système de la liberté n'en voulait anéantir ; elle a aliéné tous les esprits que les
lumières commençaient à concilier ; elle
a retardé peut-être d'un siècle , l'amélio-
ration de l'espèce humaine , que promettait l'insurrection de Paris , contre toutes
les espèces de tyrannie.

J'avais besoin, mon pere , dit Éponine ,
que vous fixassiez ainsi mes idées sur la nature des mouvemens populaires , et sur
leur prétendue légitimité. Nous allons entrer dans Paris , le foyer toujours renais-
sant de ces émeutes ; il m'importe infiniment de distinguer la majesté du peuple
Français , destiné à la longue à subjuguer
toutes les opinions et tous les Pouvoirs ,
de ce vil assemblage d'êtres sans existence
civile , sans Patrie et sans lumières , que
des Clodius et des Catilina honorent
aussi du nom de peuple , pour jetter un
voile imposant sur la marche tortueuse ,
de leur politique , sur leurs moyens
d'assouvir des vengeances personnel-

les , et sur leurs délits de lèze-humanité.

J'ai parcouru , parmi les annales de la révolution Française , envoyées à la Cour
de Vienne , des écrits , auxquels l'audace
tient lieu de génie , des libelles , dont les
auteurs s'intitulent AMIS DU PEUPLE OU ORA-
TEURS DU PEUPLE ; je vois maintenant comment des hommes de sang peuvent rava-
ler ces noms respectés , jusqu'à les mettre
sur les drapeaux de la rébellion ; le délire
de ces ouvrages incendiaires me fait voir ,
dans l'orateur du peuple , le Démosthène
de la Ligue , et dans l'ami du peuple , l'ami
des bourreaux.

Si je tenais un rang parmi les Sages qui
ont revivifié la France , je regarderais
comme un homme suspect , tout citoyen
qui m'opposerait le peuple , quand il s'a-
git de la loi : je dénoncerais , comme crimi-
nels de lèze-nation , les scélérats puissants
qui me menaceraient de me traduire devant le peuple , quand je propose de déployer la force publique pour réprimer ses
brigandages.

Ainsi s'exprimaient sur le peuple, les deux êtres les plus populaires, que la nature bienfaisante eût formés dans son sein. Leur raison supérieure parlait plus haut que cette faiblesse de sensibilité, qui est un crime dans les hommes d'État : ils sentaient qu'il vaut mieux servir le peuple, que de le flatter lachement : le protéger dans sa vertueuse obscurité, que de le livrer tout armé à des Tribuns factieux, qui ne sçauront que l'instruire aux homicides.

CHAPITRE XXXVII.

DES COMITÈS

DES RECHERCHES.

Mais ma philosophie s'égare, dans des raisonnements indiscrets ; pendant que je parle, mes héros sont déja aux portes de Paris : déja un peuple effrené s'amoncèle autour de leur voiture à demi fracassée , et les agents de la force publique ne sçavent les dérober à l'assassinat , qu'en promettant aux tigres, qui attendent leurs victimes , de les leur montrer expirantes sur un échaffaut.

C'est sous ces auspices sinistres, que Platon , Éponine et l'officier de Belgrade , sont traînés par des satellites odieux, au tribunal plus odieux encore , du Comité des Recherches.

Il paraît d'abord difficile de comprendre,

par quel renversement de toute politique,
quelques bourgeois de Paris , inconnus à
leur propres concitoyens , sans l'aveu du
Prince , sans l'autorisation expresse des
représentants de la France , exercaient une
espèce de droit de vie et de mort , sur des
infortunés , dont l'unique délit était de déplaire au peuple ; et cette considération
m'oblige à remonter à l'origine des Comités des Recherches.

A la première époque de l'insurrection ,
le 3 juillet 1789 , l'Assemblée Nationale ,
ne se croyant pas assés forte de l'appui des
lumières , pour abbattre le despotisme
Ministériel , qui , comme un tonnerre mal
éteint , grondait encore dans l'éloignement ,
imagina de faire marcher de front la raison
et le machiavélisme ; en conséquence, elle
déclara solemnellement que la poursuite des
crimes de lèze-nation lui appartenait , et elle
institua un Comité de douze de ses membres,
pour rechercher dans toute l'étendue de la
France , les hommes suspects d'avoir conjuré contre la Constitution , avant que
l'État eût une Constitution.

Il était bien évident que faire rechercher
des crimes de lèze nation , avant de les
définir , était une atrocité ridicule ; aussi le
Comité des Douze, entouré à sa naissance de
l'indignation publique , se borna long-tems
à effrayer les conspirateurs , sans les punir ;
mais Paris , yvre du succès apparent de
ses premiers assassinats , fut plus conséquent. Le Conseil de Ville établit dans son
sein un tribunal d'inquisiteurs d'État , sur
le modèle du Comité des Douze , et l'inves-
tit d'un grand pouvoir , à condition qu'il
étoufferait dans leur germe toutes les conjurations nées et à naître , contre le système Républicain , qui commençait à s'intro-
duire au sein de la Monarchie.

Faire craindre à un peuple inquiet des
conjurations , c'est les lui montrer toutes
faites ; aussi observa-t-on que jamais il n'y
eût plus de complots , je ne dis pas tramés,
mais annoncés , contre le nouvel ordre de
choses , que depuis que l'impéritie des législateurs en statua la recherche ; ils re-
connaissaient comme le polype , sous le couteau qui les mutile ; si une philosophie

courageuse, n'avait pas fait luire de tems
en tems sa lumière autour de ces phantô-
mes, on aurait fini par changer en prisons
tous les édifices publics de la Capitale, et
toutes ses places en Autodafés.

Le Comité des Recherches de Paris,
répondit à l'attente des politiques ineptes,
qui l'avaient créé; il accueillit les délations
les plus absurdes, il jugea coupable tout ce
qui était suspect; il dévoua l'erreur ou la
démence à l'échaffaut.

Par un rafinement de cruauté, inconnu
même aux inquisiteurs sacrés de Conimbre
ou de Goa, quelques uns de ses membres
écrivirent contre les infortunés, dont l'absence de tout ordre social avait fait leurs
victimes; ils tentèrent d'imprimer sur leur
front, le sceau des destructeurs de la Patrie,
avant que la Patrie eût décidé si elle avait
été en danger.

Heureusement le Châtelet, juge en dernier ressort des délits de lèze-nation,
montra plus de courage, que le tribunal
des

des Recherches ne déployait de férocité. Presque tous les perturbateurs que le Comité lui dénonça furent trouvés innocents; des jugements solemnels les rendirent à la Patrie, qui n'avait point à s'en plaindre; et l'opprobre que la loi ou l'opinion ne doivent imprimer que sur les coupables, alla flétrir le front des accusateurs.

Le pere d'Éponine était instruit de tous ces faits, et sa raison profonde les avait déja jugés, quand il comparut devant le Comité des Recherches, pour y subir son interrogatoire.

Malheureux vieillard, dit le président, on a saisi des lettres suspectes à votre adresse, ou dont vous étiez le dépositaire : vous avez été arrêté, sur la clameur publique, aux frontières ; le peuple demande votre tête... qui êtes vous ?—

Des lettres étrangères, répond le Philosophe, ne forment point un délit contre un homme libre. Partout où il y a des loix, un peuple qui demande des têtes, doit être reprimé ; j'ajouterai qu'ici où toutes les ty-

TOME III.   L

rannies ont du disparaître , personne n'a
le droit de m'interroger... qui étes vous ?——

J'excuse cette fierté en faveur de vos
malheurs , et je veux bien descendre à vous
répondre. Ce Comité que je préside , a été
institué pour prévenir les crimes de lèze-
liberté , pour en rechercher les auteurs ,
et pour les livrer au tribunal qui doit ordonner leur supplice. ——

Sans doute ce droit terrible de recherches , qui compromet l'indépendance de
tous les citoyens de l'État , émane du
trône.——

Depuis long-tems le trône est en tu-
telle. ——

Ce pouvoir du moins vous a été délé-
gué , par les représentants actuels du Souverain , par le corps qui a concentré en lui
tous les Pouvoirs , par l'Assemblée Nationale.——

Non. l'Assemblée Nationale a son Comité des Recherches , qui se contente d'ef-

frayer les conspirateurs , et la Capitale de
l'Empire Français a le sien , qui se charge
de les punir.——

Ainsi la Capitale de l'Empire Français ,
s'en attribue la Souveraineté.——

Elle supplée , dans un moment d'orage ,
au silence des loix. C'est cette nouvelle
Lacédémone , qui nous a fait don de la
liberté ; tout lui enjoint de veiller à la conservation de son ouvrage.——

Je conçois comment , dans un État corrompu qui se revivifie, les régénérateurs, ne
sachant pas reprimer la tyrannie avec les lumières,la repriment avec des Comités de Recherches et des bayonnettes ; mais du moins
j'aime à croire que , pour affaiblir ici une
grande infraction du Pacte Social , tout aura
été mis en usage par les restaurateurs de la
Patrie. Quand Rome , dans les dangers
éminens de la République , se déterminait à
faire taire un moment les loix , pour élire
un Dictateur , le nom seul du grand homme qu'elle nommait , suffisait pour justifier son audace. Paris n'aura pas rougi

d'être en tout la rivale de Rome : sans
doute qu'elle aura sauvé l'opprobre d'un
tribunal d'inquisition , par le grand nom
des inquisiteurs : tout me dit que , si des
guerriers siègent dans ce Comité , çe sont
des Catinat ou des Bayard , que si un Chan-
celier de France le préside , il fait revivre
Lhopital , que si des hommes de lettres
l'entourent de leurs lumières , ils ont fait
le Contract Social ou l'Esprit des Loix.—

Je crois , vieillard présomptueux , que
tu nous méprises.—

Je ne vous méprise pas , mais je vous
juge.—

Cet étrange interrogatoire , où l'accusé
seul semblait assis sur le tribunal , et où
les juges étaient sur la sellette , ne fut pas
prolongé plus long tems ; le Comité , qui
se piquait d'une grande pénétration , con-
clut de la fierté du vieillard , que c'était un
grand coupable , qui se croyait puissam-
ment soutenu ; et il redoubla de vigilance ,
pour rassembler dans ses mains tous les fils

d'une trame qui lui paraissait devoir boule-
verser toute l'Europe.

Un nouveau trait de lumière pour le
tribunal, était le refus constant du Philosophe de le reconnaître, et même de lui
répondre ; il lui semblait évident, que ce
ne cherchait à éluder un interrogatoire que
pour donner le temps à une armée Autri-
chienne de venir bombarder Paris, afin
de délivrer un vieillard et une femme du
Péloponèse.

La dernière démonstration mathémati-
que de la trame de l'accusé, fut tirée des
dépêches de Joseph II à son ambassadeur,
et d'une lettre du Prince à la Reine de
France sa sœur. Les dépêches enjoignaient
au Ministre de l'Empereur de respecter
dans le pere d'Éponine, l'ami des Rois et
surtout l'ami de son maître ; elles lui re-
commandaient de protéger avec quelqu'é-
nergie les jours du chevalier de Villeneuve,
menacés par des juges prévaricateurs. La
lettre à la Reine prétait encore plus au
poison qu'on voulait distiller sur elle : on

peut en juger par ce fragment » ... Que ce
„ Sage , ma sœur , soit en s. ret votre
„ conseil. Personne , dans les grandes ré-
„ volutions qui bouleversent les États , ne
„ fut plus fait pour remettre les Souverains
„ et les peuples à leur place ; personne
„ n'aprécia mieux les sophismes sur l'in-
„ surrection : personne enfin ne mit plus
„ de génie à conjurer contre tout ce qui
„ empéche l'homme d'être heureux.

Cependant Eponine, forte de la serénité
de son pere et du trouble de ses juges ,
demanda fièrement ce que la force avait
décidé sur sa destinée, et sur celle de l'officier de Belgrade. Il n'y a point encore de
charges contre vous deux, dit le président
du Comité , mais la suite du procès peut
en amener ; et vous ne deviendrez libres ,
qu'à la mort de ce vieillard ou à sa délivrance.

A la fin de la séance , le Comité redoubla d'efforts pour faire parler le vieillard ;
celui-ci se contenta pour toute réponse, de
mesurer ses juges ,avec un regard où était

empreints à la fois la majesté et le cou-
roux ; il ressemblait à un des vieux séna-
teurs de la Rome des Fabius et des Camil-
le , devant les soldats de Brennus. Le
tribunal se réduisit alors à demander son
nom. Ce nom , dit Eponine , est un secret;
l'Empereur ne l'a appris qu'en mourant ,
et vous ne le sçaurez pas.

Le Comité ne douta plus qu'un pareil
accusé ne fut atteint du crime de haute
trahison : il le fit conduire au Châtelet , et
un de ses membres promit d'instruire le
public , en écrivant un volume contre la
fierté d'Eponine et le silence du Philosophe.

—————

L 4

CHAPITRE XXXVIII.

SPOLIATION

DU CLERGÉ.

PLUSIEURS mois s'écoulèrent avant qu'on instruisit légalement le procès du pere d'Eponine ; et ce n'était pas la faute du tribunal , créé pour prononcer en dernier ressort sur les crimes de lèze-nation : il se trouvait dans les prisons tant d'accusés, détenus par les Comités des Recherches , on comptait si peu de magistrats pour les juger , qu'il fallait bien que la première loi sociale , sur la liberté individuelle , fut violée à chaque instant par le peuple , qni ne s'était armé que pour assurer la liberté de tous.

La prison du Sage était étroite ; car en détruisant les Bastilles du despotisme , on n'avait pas songé à rendre commodes les Bastilles de la liberté. Mais comme on lui avait rendu sa boëte d'or et la plus grande

partie de ses lettres de change , il s'y pro-
curait toutes les jouissances de la vie ,
que sa philosophie pouvait admettre ;
d'ailleurs il respirait le même air qu'Eponine , il pouvait la presser contre son sein :
et quand la nature parle aussi fortement
dans le cœur d'un père , on trouve la serénité du ciel , au milieu des ténèbres d'une
prison.

Eponine elle-même , à qui la bonté naturelle du peuple Français inspirait encore
plus d'idées consolantes , que le despotisme du Comité des Recherches ne lui en
faisait concevoir de sinistres , se livrait
quelquefois à son heureuse gaité. Elle sou-
riait sur la fatalité d'une certaine lettre ,
qu'un concours d'évènemens bizarres avait
toujours dérobée à sa curiosité : les inquisiteurs d'État , disait-elle , n'ont pas voulu
nous la faire connaître le jour même de
notre interrogatoire ; vous verrez , mon
père , qu'on ne nous la lira qu'avec notre
sentence.

D'ailleurs , la jeune héroïne ne pouvait

entendre prononcer le nom du chevalier ,
qu'avec un frémissement involontaire. Son
incertitude , sur le sort de cet infortuné ,
éveillait dans son cœur ingénu , un sentiment plus vif que celui de la sensibilité ;
et ce sentiment qui lui avait paru jusqu'a-
lors si dangereux , elle s'apprivoisait avec
lui , par l'habitude même qu'elle avait con-
tractée de le repousser.

Combien ce sentiment se serait accru ,
dans cette ame naturellement expansive ,
si elle avait été instruite que le chevalier
était renfermé dans la même prison d'État,
ou elle se voyait détenue ! si elle avait sçu
qu'un seul mur la séparait de l'homme
généreux , à qui , dans sa pensée solitaire ,
elle tenait lieu de l'univers !

Malheureusement ce mur , grace à la
vigilance inquiete des satellites du Comité
des Recherches , équivalait à une distance
de cent lieues ; l'imagination même n'aurait pu le franchir ; d'ailleurs , le chevalier
était inconnu même à ses gardes : comme
il n'avait voulu compromettre ni son nom

ni l'Ordre de Malthe , le jour où il fut
arrêté , il avait jetté sa Croix , et pris un
nom vulgaire , qui ne pouvait être deshonoré , même par l'opprobre du supplice.

Eponine , outre les jouissances de la
nature , les seules compatibles avec sa
vertueuse inexpérience, charmait quelquefois ses loisirs , par la lecture rapide de
cette foule de feuilles éphémères sur la
révolution , dont la France à cette époque ,
était inondée : il n'y avait aucune de ces
feuilles , qui n'anonçât la plus rigoureuse
impartialité , et aucune qui ne manifestât ,
dès la première page , à quelle faction elle
était vendue ; il fallait déterrer la vérité ,
ensevelie encore plus profondément sous
cet amas de décombres littéraires , que
dans le Puits célèbre des philosophes.

En général , elle goutait peu les discus-
sions politiques de l'Assemblée Nationale :
aucun des législateurs n'avait embrassé
d'une vue générale , la masse entière de la
législation. Lorsqu'une question était à
l'ordre du jour , on la discutait avec tout

l'art possible, mais sans voir sa connexité
avec celle qui la précédait , ni avec celle
qui devait la suivre. Les orateurs , plus sensibles aux triomphes de l'éloquence qu'à
ceux de la dialectique , dédaignaient de
parler à la raison froide des hommes d'É-
tat , pour mettre en jeu à leur gré les passions de la multitude. Les harangues étin-
celaient d'esprit , mais cet esprit , de
quelque parti que fussent les Démosthè-
nes , semblait tellement jetté dans le même
moule , qu'il faisait ressortir avec le même
avantage , le sophisme et l'éternelle vérité.

Quant à l'histoire des débats , elle paraissait à Éponine l'opprobre de la révolution ; elle ne concevait pas comment une
assemblée de législateurs , qui se glorifiait
d'avoir établi une police dans une grande
Monarchie , n'avait pu réussir à en insti-
tuer une dans son propre sein : elle sou-
riait d'entendre prononcer le mot de
majesté , au milieu d'une arène de gladia-
teurs , qui se défiaient au combat à ou-
trance , qui se lançaient le mépris , et qui
mettaient la gloire à s'entredétruire.

Alors se consommait , parmi les repré-
santants de la France , le grand délit de
la subversion totale du Clergé , et se préparait celui de la destruction de la Noblesse.

Ma fille , disait le Philosophe , ton cœur
s'attendrit , à la vue des malheurs qui me-
nacent en France les ministres de la religion , et j'applaudis sans peine à ta sensibilité : mais le délit de la destruction du
Clergé ouvre un champ bien plus vaste à
la douleur publique : comme les spoliateurs
de l'église ont aussi mal raisonné que ceux
qui l'ont défendue , l'homme juste doit
pleurer ici à la fois sur le machiavélisme
des oppresseurs et sur l'égarement des victimes.

Je sçais , en m'élevant à toute la hauteur
de la philosophie de Socrate , ce qu'il faut
penser de l'institution primitive du Clergé ;
c'était le comble du délire politique , d'in-
troduire dans un État un corps qui par sa
nature était étranger à l'État : de permettre
à des hommes , qui se disaient les interpré

tes du ciel , d'intervenir dans le gouvernement de la terre; et de protéger au dépens
des vrais citoyens , les célibataires sacrés
de ces familles éternelles , où l'on naît
sans pere , et où l'on meurt sans postérité.

Mais malgré ce vice , inhérent à toutes
les Constitutions qui ont eu la stupidité
d'admettre des religions exclusives , j'incli-
ne à penser qu'il y a une injustice maladroite , dans le mode que les législateurs
de la France ont adopté , pour le faire disparaître dans leur Monarchie.

Assurément tout État qui peut s'organiser , peut aussi revivifier ses ruines. S'il
est dans son sein quelque corps parasite ,
qui ne subsiste qu'au dépens de la sève
générale qu'il détourne de ses canaux , il
a le droit de le séparér de l'arbre que flé-
trit son influence. Mais la dissolution d'une
confédération sacrée , n'entraîne pas la
ruine des membres qui la composent :
l'Ordre de citoyens peut-être anéanti légalement , tandis que le citoyen ne sau-
rait sans crime être frappé de mort par le
gouvernement.

Si l'Assemblée Nationale avait mis du génie dans l'ensemble de sa législation , elle aurait coupé d'un seul coup toutes les têtes de l'hydre du fanatisme , en n'adoptant aucune religion nationale, en statuant que désormais le culte de l'ordonnateur des Mondes , ne serait point exercé par une classe sacerdotale , mais par des individus.

Si cette Assemblée avait été juste , en proposant aux ministres des autels de devenir citoyens , elle aurait respecté leurs propriétés ; elle aurait senti que ces infortunés , ne pouvant plus être protégés par l'association qui leur tenait lieu de force publique , il fallait les protéger de toute l'énergie des loix, dont ils avaient acheté l'appui par leurs sacrifices.

Si enfin l'Assemblée avait été conséquente , elle n'aurait pas , pour ramener la paix dans l'État , semé un germe éternel de discorde dans l'église ; elle n'aurait pas compromis le patriotisme , en le mettant aux prises avec la Foi : elle n'aurait pas deshonoré la cause des lumières , en remplaçant , par des prêtres transfuges , des prêtres perturbateurs.

Pardon , ma chere Eponine , si ma philosophie se permet de prononcer ici le mot de Foi ; tu connais peu cette langue énigmatique des religions révélées , avec laquelle un Hyérophante imposteur donne du lustre à ses mystères ; et ta raison supérieure s'en console aisément. Je rentre dans ma théorie générale , afin de me faire entendre.

Le Clergé de France , sous prétexte que ses droits émanaient du ciel , n'avait pu contracter avec la nation , de Souverain à Souverain , parceque deux Puissances centrales , dans un État , sont une absurdité , mais il avait contracté avec elle comme aggrégation de propriétaires , puisqu'il payait sa part des charges publiques, à condition d'être protégé ; de là il résulte que l'État avait le droit de vie et de mort sur le Corps et non sur les individus : le prêtre restait sous la sauve-garde des loix , lors même que le sacerdoce serait

frappé

frappé à mort par le gouvernement.

Et ces propriétaires sacrés avaient d'autant plus de droit aux regards tutélaires du gouvernement, que les premiers possesseurs des biens religieux l'avaient vû naitre ; les usurpations pieuses des premiers ages, devenues légales par le laps des siècles, étaient assés épurées par une propriété qui précédait le berceau de la Monarchie.

Cette chaîne de principes n'a pas même été entrevue par les législateurs ; de là une lutte aveugle de sophistes, qui n'a éclairé personne : on invoquait, des deux côtés, les lumières du siècle, et les ennemis du Clergé l'attaquaient avec le glaive de la force, tandisque ses appuis ne le défendaient qu'avec le bouclier des Conciles et de la Sorbonne.

Les représentants de la France devaient frapper le corps entier du Clergé, et ils lui ont laissé son Code usurpateur, sa hiérarchie à privilèges, ses décorations of-

TOME III.   M

fensantes , et jusqu'à l'usage funeste de ses anathèmes.

Ils devaient , en incorporant les minis-tres de l'église à l'État , rendre inviolables des propriétés , dont ceux cy n'avaient plus que la jouissance , et ils les en ont dépouil lés , avec cette cruauté froide d'un vain-queur , qui s'arme de la loi pour frapper sa victime.

Remarque , mon Eponine , qu'on a ob-servé ici , pour abbattre le Clergé , la mé me marche tortueuse , que Rome Républi-que employa pour justifier le renversement de Carthage.

Les législateurs commencèrent par sta-tuer que les biens du Clergé étaient à la disposition du Souverain , et ils s'arrêtè-rent-là ; c'est Scipion , qui veut que l'en-nemi qu'il assiège se rende à discrétion , et qui ne lui laisse pas interpréter ce mot terrible , dans toute l'atrocité de la signifi cation Romaine. Il était bien évident que, dans la langue de Mirabeau , disposer du patrimoine de l'église c'était l'envahir ,

comme , dans celle de Scipion , recevoir à
discrétion Carthage , c'était acheter le
droit de la renverser.

Le Clergé de France, voyant que le mot
de propriété n'était point dans le décret,
s'endormit sur la vague signification du terme , que les Machiavel de l'Assemblée
avaient eu l'adresse de lui substituer ; mais
il fut bientôt éveillé par les mains qui le
dépouillaient. Les législateurs , une fois
maîtres de disposer des biens qu'ils convoi-
taient depuis long temps , en disposèrent.
L'ordre fut envoyé , le même jour , aux quarante quatre mille petites Républiques , qui
gouvernaient la grande Monarchie , de
mettre en vente toutes les possessions éclé-
siastiques , qui se trouvaient dans leur ar-
rondissement. On observa bientôt , que la
générosité Française pouvait éloigner des ac-
quisitions , dont s'allarmait la délicatesse ;
alors on eut l'art de les rendre si faciles
par les longs intervalles des payements ,
que l'intérêt se trouva naturellement aux
prises avec la pudeur , et finit par en triom-
pher. C'est ainsi que les nations , dans le

M 2

silence de la morale , héritent des Corps qu'elles assassinent.

Dans les grandes subversions de l'ordre social, les crimes méme heureux ne se soutiennent que par des crimes. La France commençait à verser en paix les patrimoines de l'église , pour combler l'abîme effroyable de sa dette , lorsque , poursuivant le cours de leurs conquêtes , les législateurs imaginérent une nouvelle circonscription de Diocèses , qui rendait les pasteurs de l'église étrangers à leurs troupeaux. Ce second acte d'hostilité fit tressaillir les victimes sacrées sous le couteau qui les immolait, et on les punit de leurs justes murmures , en les enchaînant au nouvel ordre de choses par les nœuds sacrilèges d'un serment.

Le serment d'abjurer une doctrine sucée avec le lait , pour reconnaître la suprématie de l'autorité civile sur l'église , était un piège cruel , tendu à tout ce qui n'avait pas la raison supérieure du philosophe : cet acte indiscret d'un Pouvoir oppresseur ,

mettait l'homme de bien timide entre sa
conscience et la loi : il le forçait à l'alternative affreuse de la désobéissance ou de
la perfidie. La majeure partie du Clergé
choisit d'être pauvre sans remords, et déso-
béit.

Cependant la multitude, à qui il faut
l'appareil d'un culte revelé, pour lui tenir
lieu de la religion simple et sublime de
l'homme, pour laquelle son ignorance
n'est point faite, voyant la désertion des
autels, demandait à grands cris ses Pasteurs à l'Assemblée Nationale ; celle ci
toujours conduite par des hommes, à qui
l'esprit de système tenait lieu de génie, ne
s'était pas attendue à une si effrayante
résistance : elle n'avait pas calculé que, sur
cent trente Prélats, il s'en trouverait cent
vingt-six de réfractaires. Mais sa fierté n'en
fut point déconcertée ; elle persévera dans
ses plans oppresseurs ; le despotisme de
ceux qui veulent maîtriser les opinions,
comme celui des Rois qui veulent tyran-
niser les hommes, ne recule jamais.

M 3

Au lieu d'éclairer paisiblement les chefs
du Clergé sur les droits de la Patrie, antérieurs à leurs absurdes privilèges, au lieu
de modifier la formule odieuse de leur serment, au lieu de fixer un long intervalle,
pour laisser le tems aux lumières de triom-
pher de vains préjugés, on les déclara à
l'instant déchus de leurs Sièges, et on pro-
céda à leur donner des successeurs : comme si, dans quelqu'ordre social que ce
soit, on pouvait, sans des procès en forme
contre chaque individu, destituer des magistrats à vie qui n'ont pas abdiqué !

De ce nouvel attentat, il a résulté un
germe éternel de discordes, qui sappant
la nouvelle Constitution par sa base, peuvent
l'amener à périr un jour, avec toutes les
choses sublimes qu'elle renferme, et la
mémoire de tout le bien qu'elle méditait
de faire aux hommes.

Les factieux, qui voulaient que l'ancien
Clergé fut frappé de mort, ont nommé celui qui devait le remplacer ; delà les choix
odieux ou bizarres, dont la France, reve-

nue à elle-même, commence à rougir. On
a moins cherché l'austérité des mœurs et
une piété éclairée dans les nouveaux Evê-
ques que l'exaltation du civisme ; décla-
mer contre l'église , a paru le meilleur titre pour posséder les premières dignités de
l'église : et on a souvent.sacré des sophistes pour en faire les successeurs des Apô-
tres.

Voilà donc deux Clergés en France ,
tandisque, si la Constitution avait été dres-
sée par des hommes de génie, il n'y en aurait point dutout. Les deux Clergés , n'en
doutons point , se feront une guerre immortelle ; l'opprimé opposera aux décrets
que fait valoir l'oppresseur , les foudres af-
faiblis , mais non éteints , d'une religion
expirante , dont tous deux se disent les interprètes ; et le gouvernement, qui verra
les citoyens partagés , sera obligé de devenir intolérant lui-même , pour étouffer ,
dans des mains fanatiques , les torches de
l'intolérance.

Oh ! combien , Eponine , l'Assemblée

Nationale aurait épargné de malheurs à la France qu'elle régénérait , si elle avait eu le courage d'être juste envers ce Clergé , qui pouvait sauver la nation , non par son suicide , mais par ses sacrifices !

Ma doctrine , à cet égard , si j'avais eu quelqu'influence sur les esprits , aurait été aussi simple que conséquente ; j'en ai donné , dans des temps plus heureux , les élémens à l'Empereur , et elle ne paraîtra pas nouvelle à la philosophie pacifique de mon Eponine.

L'unité de puissance centrale , sans laquelle il n'existe point de bon gouvernement , voulait que le Clergé de France , comme Corps , fut anéanti : ce qui s'opérait sans troubles ni secousses , en interdisant à ses membres tout vêtement distinctif , excepté aux autels , en réduisant à un cérémonial de préséance les grades de sa hiérarchie , en bornant sa correspondance avec le Pontife de Rome , à un simple commerce de bienveillance , et sur-tout en anéantissant toutes ses jurisdictions.

Quant aux.membres individuels de ce Clergé , qui , en cessant de tenir à un Ordre , seraient devenus citoyens , il fallait leur assurer la libre possession de leurs biens, que semblait leur promettre le titre solemnel de quatorze cents ans de jouissance , au lieu de les entretenir avec parcimonie , comme des hommes de guerre soudoyés , au lieu de les placer par un serment indiscret , entre l'indigence et les remords.

Cependant comme l'État , courbé vers sa décrépitude, par le poids énorme de sa dette , ne pouvait reprendre , que d'après les sacrifices de ses citoyens , l'attitude noble et fière de son adolescence , il était tout simple qu'il s'adressât d'abord au Clergé , soit à cause d'une opulence , dont l'origine était suspecte , soit parceque, condamné par son célibat religieux à n'avoir que la Patrie pour héritière , il n'y avait que dans le sein de cette mere commune qu'il put avec décence verser ses bienfaits.

Il suffisait , pour amener le Clergé de

France à ce grand dévouement , de faire
valoir l'élan généreux de son patriotisme,
à l'époque mémorable de la nuit des sacrifices. On m'a assuré qu'un des Métro-
politains de la Provence avait offert , au
nom de l'Ordre , quatre cents millions :
il aurait donné un milliard , si on avait né-
gocié avec lui au lieu de combattre ; et ce
milliard , en maintenant la Monarchie debout , lui aurait sauvé le fléau du papier-
monnaie , fléau plus destructeur que trois
siècles d'Èdits Bursaux , de Lettres de
Cachet et de Bastilles.

L'Ordre eclésiastique une fois anéanti,
l'Etat héritait naturellement des biens
sacrés , à la mort de chaque titulaire , et,
au bout d'une génération , la dette nationale n'était plus.

Je ne sais si je me fais illusion ; mais il
me semble que cette marche aurait été digne de la majesté des législateurs de l'Europe ; elle ne faisait pas résulter le bien de
la Patrie des désastres des citoyens ; elle
pouvait être utile à la fois aux conquérants

et aux victimes , et servir la politique sans compromettre la morale.

Ce plan prévenait l'introduction d'un schisme dans l'église de France , schisme amené nécessairement par la distinction entre deux Clergés , l'un constitutionnel l'autre réfractaire.

Dès-lors il devenait inutile d'enchaîner par un serment , les ministres des autels ; au nouvel ordre de choses , qui contrariait toutes leurs idées primordiales : serment d'ailleurs très impolitique : car si les prêtres se faisaient citoyens , il était inutile à l'État , et si leur cœur désavouait leur bouche , il ne servait qu'à faire des sacrilèges.

La chose publique ne se trouvant plus ainsi froissée entre le patriotisme et la religion , le Clergé n'effrayait plus l'État par une confédération de résistances : on ne voyait plus , sur cent trente Princes de l'église , quatre seulement se condamner à être le roseau qui plie , tandisque cent vingt-six préféraient d'être le chêne qui casse , au risque d'écraser . en tombant , la Patrie qui les opprime.

Je refais , comme tu le vois mon Eponine , une des parties essentielles de la
Constitution Française , dont l'esprit de
parti semble avoir dégradé les bases : avec
quel zèle je me livrerais au développement
de ma théorie , si j'étais libre et législateur !
si je pouvais tonner dans le temple auguste
de la liberté , contre les oppresseurs de la
raison , au lieu de voir ma voix éteinte , se
perdre dans l enceinte silentieuse d'une
prison !

Mais ce que je n'ai pu dire aux régénérateurs de la France , je le dirai un jour à
la France régénérée ; elle sçaura par moi,
de combien d'années son retour à la paix
a été retardé , par l'abus des lumières ,
dans les factieux qui la représentaient , et
par le défaut de lumières dans ses gens de
bien ; et mes justes réclamations , plus du-
rables sans-doute que les crimes qui les ont
fait naître , seront gravées par les burins
réunis de la philosophie et de l'histoire , à
chaque page de ma République.

Jusqu'à l'époque où la France ressuci-
tée sera digne de m'entendre , mes idées
tutélaires seront méconnues ou perverties:
car partout où l'esprit de faction domine ,
on ne voit dans le Sage qui nous redresse,
que le coupable qu'on désire , ou du moins
que le coupable qu'on imagine.

Les esprits incendiaires des deux partis,
invoqueront contre ce qu'ils appellent
mes crimes , la persécution de l'État divisé contre lui-même , qui tolère leurs libelles ; et je les écraserai par mon silence et
par de nouvelles éditions de mon ouvrage.

Des amis prétendus de la raison , non
moins dangereux peut-être , croiront honorer ma République , en la présentant
comme un frêle tissu de rêveries vertueu-
ses, que le souffle de l'expérience doit
dissiper. Ces critiques , s'ils sont éclairés ,
mentiront contre la conscience de leurs
lumières : car ils verront aisément qu'en
appuyant sans cesse ma théorie sur l'histoire de la révolution Française , je me suis
mis en garde contre les chimères de l'Op-

tinisme. Il verront que , si ma République a quelque prix, c'est parceque toute
nation grande et généreuse peut l'adopter;
et ils ne pourront se dissimuler que l'enthousiasme pour le bien est le seul point de
contact , que j'aye avec l'abbé de Saint
Pierre , et le fameux disciple de Socrate.

Je connais assez les hommes , ma fille ,
pour croire qu'on ne blesse jamais impunément les opinions qu'on reçoit de l'esprit de faction , et encore moins , celles
qu'on lui donne. On imprimera long-temps
sur mon nom le sceau d'une réprobation
qui m'honore ; en attendant , le tems qui
m'a condamné à la mort en naissant , viendra à grand pas exécuter sa sentence ; il
est vraisemblable qu'à l'époque où la France sourira à mes travaux, je ne serai plus ;
mais je lègue à mon Eponine tout ce qui
est fait pour me survivre , et si sa main
chérie place ma République sur la pierre
agreste de ma tombe , elle rappellera à
des hommes sensibles , qu'un jour Rome
reconnaissante crut s'acquitter envers un
grand homme, en plaçant le Tableau de la
Transfiguration sur le cercueil de Raphaël.

CHAPITRE XXXIX.

DESTRUCTION

DE LA NOBLESSE.

Toutes ces idées sinistres, d'ingratitude et de mort, avaient un peu ému le vieillard, dont la tête blanchie se penchait douloureusement, sur le sein d'Éponine ; comme la nuit était déjà avancée, l'héroïne proposa à son pere de permettre au sommeil de calmer ses sens ; et, peu tranquille elle-même sur ce dépôt que son cœur lui avait confié, elle veilla auprès du lit, jusqu'à ce que la fatigue du Sage eut fermé sa paupière.

L'insomnie fut longue, et la sensible Éponine, à qui sa tendresse interdisait toute espèce de mouvement, se contentait de promener machinalement ses regards sur les murs dépouillés et silencieux,

qui formaient sa prison : tout-à coup , un
mo t gravé grossièrement , avec une pointe
d'airain , sur une pierre à demi-voilée par
un rideau , la tire de sa rêverie : c'était le
nom d'Éponine ; elle se lève avec précipitation , et comparant dans son esprit l'é-
criture avec la lettre fatale , dont elle n'a-
vait jamais pu lire que l'adresse , c'est lui
mon pere , s'écrie t elle , c'est l'esclave :
il a habité dans ce séjour du crime ; peut
être il l'habite encore ; ensuite revenue à
elle même , et baisant la main du vieil·
lard , pour cacher sa rougeur , c'est ainsi,
ajoute t-elle , que l'infortune attache entre
eux les êtres , qui ne tiennent peut-être
ensemble que par ce lien.

Cette nuit semblait faite pour les émotions. Lorsque le Sage commençait à s'as-
soupir , et qu'Éponine songeait à se retirer,
tout-à-coup des cris effrayans se font entendre sur le quai qui borde la prison du
Châtelet : c'était une populace ameutée
par les hommes à libelles , qui demandait
le supplice des perturbateurs , et menaçait
. de forcer la prison pour prendre ses victimes.

mes. Eponine agitée redoubla d'attention, et elle entendit distinctement les brigands effrénés désigner, parmi les perturbateurs dont ils voulaient faire tomber la téte, le baron de Besenval, le marquis de Favras et un esclave.

Il respire donc ! dit douloureusement la jeune héroïne, et le ciel ne me l'apprend que par les cris de Cannibales qui provoquent son supplice !

Cependant l'orage populaire se calmait, et l'officier de Belgrade vint annoncer que la garde nationale, en déployant tout l'appareil de la force publique, avait fait rentrer les rebelles dans le devoir.

Cette émeute amena peut-être, ou du moins accéléra la mort de Favras; on crut que, pour sauver un sang innocent, il fallait abreuver d'un sang suspect une multitude effrénée, qui ne croyait à la liberté que sur la foi du carnage. Au reste cette victime, abandonnée au peuple, ne servit qu'à élever un nouveau nuage sur la

pureté de la révolution ; car l'héroïsme de
la mort de l'infortuné rendit problémati-
ques les horreurs dont on entourait sa vie;
on se persuada difficilement que l'homme
vil , qui voulait assassiner les peres de la
Patrie , put mourir comme Barnevelt et
Socrate.

Les jours qui suivirent cette nuit lugu-
bre , on amena dans les prisons du Châtelet ,
une foule de Gentils-hommes , dont le crime était de déplaire au peuple, et d'inspi-
rer de l'ombrage au Comité des Recherches.

N'en doute point , ma fille , disait le
vieillard , à la vue des hommes décorés,
qu'on traînait avec l'appareil de l'ignominie , les factieux qui conspirent, pour
rendre odieuse aux siecles futurs la plus
belle des insurrections , ne s'arréteront pas
au milieu des crimes heureux qu'ils exé-
cutent ; tout ennemi qui se rencontrera
dans la route de leur ambition ou de leur
vanité , disparaîtra devant eux ; ils ont mu-
tilé impunément le Clergé , ils oseront

prêcher contre lui la plus sanguinaire des Croisades : ils ont rendu la Noblesse populaire , ils ne tarderont pas à l'anéantir.

C'est ainsi que le Sage lisait dans l'avenir , éclairé par sa raison , guide plus sûr que l'inspiration des prophètes ; et pendant qu'il prédisait la chute de la Noblesse , déjà la Noblesse n'était plus. La nuit du 19 Juin 1790 , l'Assemblée Nationale profita d'une séance où le parti populaire se trouvait dominant , pour proscrire à jamais la Pairie de France , les grandes dignités de la Couronne , les Titres , les Cordons et les Armoiries : et trois cents mille citoyens qui s'étaient endormis Gentilshommes , se réveillèrent sans ancêtres.

Dans un moment d'épanchement de cœur , où le Philosophe gémissait sur la destinée de quatre vingt mille familles , dont le plus grand nombre n'avait d'autre patrimoine que des parchemins héréditaires , et l'honneur qu'ils supposent , vous attachez donc , mon pere , dit Éponine ,

N 2

une grande valeur à cette monnaye d'opi‑
nion , qu'on appelle Noblesse , monnaie
d'autant plus recherchée , que le temps
en a plus effacé les empreintes , monnaie
suspecte , en ce que le métal le plus rafi‑
né n'efface pas en éclat celui qui a le plus
d'alliage , monnaie funeste à l'ordre so‑
cial , parce qu'elle empêche de circuler
l'or vierge , qui est le talent ou la vertu.

Non , ma fille , reprend le vieillard, j'ap‑
précie comme toi le phantôme brillant
qu'on vient d'anéantir : ce qui n'est qu'un
souvenir n'a point de poids dans mes ba‑
lances philosophiques. Je n'aime point
qu'on divinise le hazard de la naissance ;
je n'aime point qu'on institue un culte
dont la vanité est l'idole , où l'on s'hono‑
re de ce qu'on a été et non de ce qu'on
est , et dont une caste d'hommes privilé‑
giés s'arroge exclusivement le sacerdoce.

Et quand même ma raison abusée ferait
grace à une Noblesse pure , telle que celle
du Livre d'Or de Venise , ou de la Chancel‑
lerie d'Allemagne , la Noblesse de France,

conservée moins intacte par le frottement
des siècles , ne mériterait pas de ma prudence les mêmes ménagements : je sçais
que ce furent des Gentilshommes Francs
ou Sicambres , qui conquirent la Monarchie , mais il n'existe plus depuis long-
temps aucun rameau de cette souche antique qui a ombragé les Gaules : et quand
il en existerait, ce ne serait pas d'une race
féroce de conquérants, que devrait se glo-
rifier un État généreux , qui se régénère par
les lumières.

On ne connait guères de familles Françaises qui remontent par des titres authen-
tiques au delà de cinq siècles ; les guerres
fanatiques , pour la conquête d'un frivole
tombeau de Jérusalem , ont moissonné
presque toute la fleur de cette Noblesse
antique , qui avait donné à la nation ses
premiers législateurs ; et nous sçavons par
les monumens de l'histoire , qu'on fut
obligé de créer à la fois mille Nobles , à la
suite des désastres d'une Croisade.

La Noblesse Française , malgré l'orgueil

N 3

de ses généalogies , ne m'inspirerait donc
point cette espèce de vénération religieuse,
que la vue d'un Roi détrôné obtient toujours de la crédulité de la multitude , et
qu'elle arrache quelquefois , dans des moments d'illusion , à la raison du philosophe.

Mais ce qui me fait verser des larmes de
sang , sur le décret qui ôte à trois cents
mille hommes leurs ancêtres , c'est le droit
de violer solemnellement des propriétés de
citoyen , droit désastreux, dont les despotes
de tous les peuples et de tous les ages , reçoi-
vent ici l'exemple des législateurs.

Assurément la Noblesse est une propriété ; ce long et glorieux souvenir des
exploits guerriers , et des services rendus à
ses Souverains , transmis de pere en fils
pendant un grand nombre de siécles , me
semble un bien plus noble patrimoine ,
que l'or accumulé par des bassesses heureuses , qui appelle la protection des loix,
dans les héritiers des Samuel Bernard ou
des Montmartel.

Ce souvenir , quoiqu'un bien d'opinion ,

était un dépôt sacré, dont les familles pouvaient s'énorgueillir, puisque, pendant plus
de douze cents ans, il leur donna droit aux
distinctions militaires de la Couronne et à la
considération de la multitude.

Ce souvenir était une propriété, puisque les titres qui en étaient le gage, transmis à des familles indigentes, procuraient
un état à de jeunes infortunés sans patrimoine et servaient de dot aux orphelines.

C'était une propriété, puisque la loi,
pendant douze siècles, veilla à l'intégrité
du dépôt des généalogies, puisqu'elle ne
put empêcher l'opinion de flétrir les tiges
antiques que l'amour de l'or engageait à
greffer avec des souches de moderne dat-
te ; puisqu'en protégeant l'homme qui
vivait de la gloire de ses peres, elle infli-
geait l'opprobre et les peines au vil usurpateur, qui secouait la poussière où il
était né, pour se créer des ancêtres.

Et il fallait que cette propriété fut bien
authentique, puisque les législateurs de
la France, par une contradiction que rien

N 4

ne peut pallier . l'ont protégée , même en l'anéantissant. A côté du décret qui proscrit à jamais la Noblesse , ils en ont placé un autre , qui défend d'enlever les Titres et de dégrader les généalogies ; ainsi ils ont conservé le mot en détruisant la chose ; et comme le mot , quand il s'agit d'opinion , est tout , ils ont , sans le savoir , élevé eux mêmes une barrière éternelle contre l'exécution de leur loi philosophiquement paradoxale de l'égalité.

D'après ces considérations , Eponine , il serait inutile d'examiner avec toi le fonds même du problème politique sur l'institution de la Noblesse.

Je ne m'amuserai pas à te prouver par des faits , qu'il n'a existé aucun grand peuple connu , qui n'ait tiré parti de la chimère brillante de la naissance , pour faire opérer aux hommes de grandes choses.

Je ne te citerai point , dans ces Républiques mêmes , où un peuple souverain doit s'affecter d'avantage de toute distinction qui l'humilie , un Périclès ou un Alcibia de, demandant, au nom de leurs ancêtres, les dignités qui leur permettent de les faire oublier : un César offrant, pour ses titres à la Dictature, que descendu d'Ancus Martius par les hommes, et de Vénus par les femmes, il réunit dans sa maison la sainteté des Dieux, et la majesté des Rois. La Grèce et Rome, seraient d'un bien faible poids dans les balances de l'Assemblée Nationale ; elle sourirait de dédain sur des faits, quand il s'agit des droits de l'homme primitif.

Je vais plus loin, et je ne croirai pas même nécessaire d'examiner ici en homme d'État, s'il est utile d'extirper, jusques dans ses dernières racines, l'arbre phantastique de la Noblesse.

Je laisserai, en problème, la décision philosophique du créateur de l'esprit des loix : qu'anéantir dans un grand État toutes les hyérarchies, et surtout la Classe des Gentils-hommes, c'est le réduire à l'alternative des deux plus mauvais gouvernements, de la Monarchie absolue ou de la Démocratie.

Je ne ferai aucun usage du principe :
que dans un Empire que le luxe a dégradé , tout ressort qui sert à remonter la
machine politique est bon : que l'honneur,
qui consiste à n'exister que par ses ayeux ,
fût-il un préjugé , il faut lui pardonner ,
puisqu'il suppléa souvent à la vertu , et
qu'en un mot , si ce dieu de la vanité
n'existait pas , il faudrait l'inventer.

A plus forte raison je n'appuyerai point
sur les idées subsidiaires : que la Noblesse,
considérée comme le prix des services ,
étant une monnaie idéale qui n'appauvrit
point l'Etat qui la distribue , mériterait
d'être encouragée chez tout peuple, qui ne
veut point augmenter la dette qui l'écrase :
et que dans la France , sur-tout , où l'or ,
dépravateur des mœurs publiques , menace de tout envahir , il n'est point indifférent d'opposer la folie de la naissance qui
est bonne à quelque chose , à la folie de
la richesse qui n'est bonne à rien.

Je laisse donc dans toute son intégrité ,
cette grande et belle question : faut-il une

Noblesse dans une Monarchie qui s'orga-
nise ou qui se régènère ? et je me contente
de discuter avec la raison tranquille de
mon Eponine , si l'Assemblée Nationale a
bien fait de l'anéantir , dans un gouvernement philosophique , destiné à servir de
modèle à l'univers.

Or , nous avons vû que la Noblesse en
France était une propriété sacrée de quatre vingt mille familles ; et si , comme on
l'apprendrait à l'école sublime de Zénon
et de Socrate , il n'y a point de gouvernement philosophique , sans le respect des
législateurs pour les propriétés , il s'ensui-
vrait que les destructeurs indiscrets de la
Noblesse Française , ennemis de leur propre ouvrage , auraient appris à leurs successeurs à attenter à la Constitution , la
propriété la plus sublime sans doute d'un
corps de régénérateurs.

Et qu'on ne dise pas, que la Noblesse
avait cessé d'être une propriété , lorsque
de jeunes chevaliers jettèrent , avec un orgueil patriotique , leur Écu et leur lance

au milieu de l'Assemblée Nationale , pour
se confondre dans la foule , à l'époque
mémorable de la nuit des sacrifices.

Assurément les héros-citoyens , qui mirent alors tant d'enthousiasme , non à descendre , mais à élever à eux vingt-quatre
millions d'hommes , ne songèrent à renoncer qu'à de viles distinctions pécuniaires , ou à des priviléges vexateurs : jamais
il n'entra dans leur pensée , d'anéantir les
Diplômes qui constataient les services de
leurs ancêtres , de fouler aux pieds les décorations qu'ils tenaient de la générosité
du Monarque , et qu'ils partageaient avec
lui , et de se priver volontairement d'un
nouveau mobile pour servir la Patrie , en
joignant l'honneur à la vertu.

Et quand même ils auraient eu la folle
grandeur d'ame , de ne conserver des tombeaux de leurs ayeux , que la poussière
qu'ils renferment , crois tu, Eponine , qu'ils
pouvaient stipuler pour les quatre vingt
mille familles dont ils étaient les représentants ? crois-tu qu'un élan rapide d'enthou-

siasme dans quelques jeunes chevaliers
Français, qui produirait quelques minutes
de gloire et une vie entière de remords ,
suffirait pour ôter légalement à trois cents
mille citoyens , un patrimoine qu'ils ont
appris dès le berceau , à chérir plus que
l'existence.

Je ne connais que deux espèces de forces qu'une grande nation puisse confier à
ses législateurs , pour mettre de niveau
tous les intérêts et toutes les opinions ;
c'est la voie des lumières , pour obtenir
des sacrifices volontaires , ou , en cas de
refus de la part des infortunés , dont on
provoque la dépouille , la voye des dédo-
magements.

La Noblesse de France n'a point eu le
temps d'être éclairée sur le néant de l'orgueil de ses titres , que lui disputait un orgueil plus puéril encore : quelques heures
ont suffi pour discuter si des loix devaient
faire disparaître le phantôme de ses préé-
minences : elle avait été douze cents ans à
élever le colosse de sa grandeur , et une

nuit seule a réduit ce colosse en poussière.

L'Assemblée Nationale n'a offert aucun dédommagement à cette Noblesse, dont elle anéantissait la plus précieuse des propriétés ; sa raison suprême a été son bon plaisir, comme sous les Souverains de l'ancien régime : elle a dit, ainsi que la nature, l'univers est mon domaine : j'y élève tout, j'y abaisse tout à mon gré, sans exiger de reconnaissance, sans qu'on ait droit d'exiger de moi des dédommagements.

Cependant les législateurs de la France n'i-gnoraient pas, que, dans tout ordre social, dès que le pouvoir souverain brise le Contract primitif, au défaut de sacrifices volontaires de la part des parties lézées, il leur faut des dédommagements ; eux-mêmes venaient de reconnaître cette base de la morale des États, en offrant aux Princes de l'Empire, qu'ils dépouillaient, des indemnités. Et assurément la Noblesse Allemande ne plaidait pas une cause aussi belle aux yeux de la raison, que la Noblesse Française ; l'une, étrangère en Fran-

ce, voulait exercer des droits de Souverain, sur un État qu'elle n'avait pas sub-
jugué, et l'autre ne voulait que conserver,
à l'ombre des nouvelles loix, ce qu'elle
tenait de la justice des anciennes, ou du-
moins de leur générosité : les Rohan, les
Lorraine, les Montmorency dépouillés,
citaient à l'Assemhlée de leurs représentants, le droit primitif, la morale et la
nature,. tandisque les Électeurs de l'Empire ne citaient que le traité de Westphalie.

Assurément tout Pouvoir, qui, dans un
État prêt à se régénérer, pèse sur une
classe de citoyens, ou la dégrade, doit
être brisé sans dédommagement pour les
oppresseurs : mais il s'en faut bien qu'on
put faire un pareil reproche à la Noblesse
Française ; depuis long-temps l'arbre empoisonné de la féodalité, ne poussait plus
de rameaux ; les coutumes antiques subsis-
taient, mais les mœurs et les lumières leur
ôtaient toute leur influence ; le nom de
cultivateur n'était plus un opprobre, et le
Prince pouvait se dire le Roi des citoyens
et non pas le Roi des Gentils-hommes.

Lorsque, pour donner une base éternelle au grand ouvrage de la restauration, il fut proposé, à l'ouverture des Etats Généraux, de détruire les Ordres, et d'opiner, sur la dénomination commune de citoyen, on observa qu'il n'y eut presque point de réclamation de la part des chefs de la Noblesse : les héros les plus populaires furent ceux dont les noms augustes semblaient contemporains de la Monarchie : la majeure partie des opposants, ne se trouva composée que de courtisans, dont les titres suspects avaient été légitimés par la faveur, ou de ces Nobles d'hier, à qui le comte de Lauraguais disait si plaisamment : permettez moi d'être un moment membre du Tiers, je vous permets bien à vous d'être Gentilshommes.

Cette haute Noblesse, lorque la révolution fut consommée, ne dégénéra point de sa grandeur d'ame ; elle avait des privilèges pécuniaires, qui la dispensaient d'acquitter les charges de l'État : elle avait des privilèges de puissance qui mettaient une barrière entre elle et le reste

des

citoyens ; elle eut le courage de faire l'a-
bandon volontaire à la Patrie de toutes ces
distinctions onéreuses ou humiliantes , à
l'époque glorieuse de la nuit des sacrifices.

Oh ! combien je tremble , mon Eponine ,
que la France ne paye cher un jour le refus qu'elle a fait d'un si noble dévouement : et qu'en rejettant de son sein une
Noblesse pure , qui ne pouvait ni fouler le
peuple , ni l'avilir , elle n'ait dans la suite
à lutter contre une Noblesse de tyrans ,
qui la ramènera , au milieu des torrents
de sang-humain , à l'antique despotisme
féodal , ou qui s'ensevelira sous les débris
de la nouvelle République !

L'Assemblée Nationale , ma fille , a voulu conquérir la France , plutôt que l'é-
clairer , et elle a perdu tout le fruit de la
plus noble des insurrections. Jamais les
conquêtes n'ont fait le bien des hommes ,
parce qu'elles ont coupé , avec l'épée d'A-
lexandre , le nœud gordien , qu'il fallait
défaire paisiblement avec l'industrie de la
raison ; le conquérant peut écraser , en

passant , le sol qu'il foule aux pieds , mais
ce sol n'est que le sable du Grand Désert ;
le vent du Samielh s'élève , et il engloutit
en un clin-d'œil le despote armé , son nom
et son ouvrage.

Pendant que le philosophe expliquait
ainsi à sa fille les élémens de l'art de régénérer les Empires , le concierge de la prison parut tout d'un coup , et présenta aux
illustres captifs , l'ame même de l'Assemblée Nationale , le comte de Mirabeau.

A ce nom qui avait tant de célébrité ;
Eponine s'approche avec une sorte d'enthousiasme ; à son age, on confond aisément une nature grande avec une nature
belle , et le génie , pour une beauté de
vingt-ans , a toujours la figure de l'Apol-
lon du Belvédère. Mais quand l'héroïne
put voir de près les yeux hagards , la
physionomie basse et féroce de cet homme
à grand caractère , pétrifiée tout-à-coup
par cette tête de Méduse , sa voix expira
sur ses lèvres ; alors elle se retira en rou-
gissant dans un angle formé par le mur de la

prison , et s'y assit en silence , espérant
d'être dédommagée de l'horreur de voir le
chef de la révolution Française , par le
plaisir de l'entendre.

. C'était dans cet angle même , que l'infortuné chevalier avait gravé d'une main
tremblante le nom d'Éponine. Bientôt la
jeune Grecque , absorbée par ce nouveau
spectacle , oublia Mirabeau , son pere , et
l'univers , pour s'occuper de l'idée déli-
cieuse à la fois et déchirante , que présentait ce nom isolé , abandonné à la nature ,
et confié sans dessein à la solitude d'une
prison ; la voix tonnante de Mirabeau ne
put même , pendant quelque tems , la tirer
de cette douce léthargie. Au milieu de son
extase , elle se leva involontairement, prit
un poinçon qu'elle trouva sous sa main ,
et grava au dessous du mot Eponine celui
de Villeneuve. Ce ne fut que quand l'ouvrage fut fait que le charme se rompit ;
honteuse d'avoir uni elle-même deux
noms que le ciel semblait séparer pour
jamais , elle reprit son poinçon dans le
dessein de les effacer , mais une pudeur

d'un nouveau genre l'arrêta ; elle s'était crue seule , quand elle avait tracé le nom du chevalier : elle se vit en présence de deux hommes , quand il fallut le faire disparaître ; alors laissant tomber son poinçon , elle n'imagina pas d'autre moyen d'échapper à des regards qui l'importunaient, qu'en se mêlant de l'entretien.

CHAPITRE XL.

ENTRETIEN

DU PHILOSÒPHE ET DE MIRABEAU, SUR LE
DROIT DE CONQUÊTE DANS LES
RÉVOLUTIONS.

MIRABEAU.

Vous la connaissez donc bien, sage
étranger, cette révolution, que des hommes absurdes vous ont accusé de venir détruire !

PLATON.

Je la vois sous toutes ses faces, comme
le ciel même qui la protège. J'ai lu dans
votre cœur, comte de Mirabeau.

MIRABEAU.

Je sçais que vous connaissez les Empí-
res et les hommes. On me l'a mandé de
l'Allemagne, où nous avons tous deux

O 3

joué un rôle, et c'est ce qui m'a fait naître le désir de venir m'électriser avec vous.
Mais la révolution Française ne ressemble
à rien, elle est seule. dans son espèce,
comme le génie de l'homme. Toutes les
insurrections, dont l'histoire s'honore, pâ-
lissent devant celle de Paris ; et on pourrait lire vingt ans Tacite, Machiavel, et
Guichardin, sans deviner par quelle cause
on a détrôné Louis Seize.

PLATON.

On peut embrasser cette révolution d'un
seul regard, et la peindre d'un seul trait.
Ce sont les lumières qui vous ont mis l'é-
pée à la main, et maintenant vous faites
servir cette épée a détruire l'ouvrage des
lumières.

MIRABEAU.

Prenez garde, Philosophe : vous voyez
le fer qui assasine les citoyens, où je ne
vois que le fer qui cicatrise des blessures.
Songez que le corps politique commençait
à se cangréner, quand il a appellé à son

secours les régénérateurs; il était perdu si, au lieu de couper dans le vif , comme Sylla ou le grand Visir Richelieu , nous n'avions adopté que les froids palliatifs de la raison des Turgot , des Necker et des Malesherbes.

PLATON.

Ainsi vous désignez sous le nom de fer qui guérit les blessures , le cimeterre sanglant qui a coupé deux bras de l'antique Monarchie , le Clergé et la Noblesse !

MIRABEAU.

La France est le géant Briarée qui a cent bras pour terrasser le despotisme ; elle a pu sans danger perdre deux membres factices , qui lui interceptaient ses principes de vie et sa vigueur d'Athlète.

PLATON.

On se fait dificilement à l'idée , que le Clergé et la Noblesse puissent être regardés , comme les membres factices d'une Monarchie , dont ils sont les contempo-

Q 4

rains. Je conçois aisément que chez un
peuple où tout est neuf, hommes, mœurs
et loix, on ferait sagement de ne pas les
admettre, parce qu'à la longue, des corps
à privilèges, sous un gouvernement faible
ou oppresseur, deviennent des pépinières
de tyrans ; mais une fois incorporés par
une Constitution quelconque dans l'ordre
social, il me paraît démontré que ce n'est
qu'en vertu d'un droit quelconque, qu'un
Pouvoir nouveau qui s'élève, peut les
anéantir.

MIRABEAU.

En vertu du droit de se conserver, le
seul que l'homme civilisé tienne de lui-
même : car celui de créer n'appartient
qu'à la nature. Ce droit de se conserver
est terrible : il autorise un Empire mal organisé, à être le Saturne des Grecs, à se
dévorer lui-même.

PLATON.

Malheur aux États qui ne peuvent se
conserver qu'en se dévorant ! ils ne se gué-

rissent pas de leurs blessures , ils se punissent du crime de leurs loix : vous les verrez s'agiter quelque temps sous le marbre
de leurs tombeaux , mais ils ne se régéné-
reront jamais.

Et ne croyéz pas , comte de Mirabeau ,
que la France en particulier reprenne sa
vigueur primitive , en dévorant son Clergé et sa Noblesse. l'État qu'on accoutume
à des sacrifices sanglants , demandera bientôt des hécatombes. Si les quarante quatre
mille Républiques , que vous avez érigées ,
embarassent par leurs frottements la marche de la Monarchie , on dressera contre
elles des Tables de Proscription ; si votre
Assemblée Nationale ne donne pas à la
force publique quelqu'énergie , si elle ne
désarme pas la multitude , si elle ne rend
pas à la nation son crédit , son or et ses
transfuges , une voix terrible , celle de vingt
quatre millions d'opprimés , commandera ,
au nom d'un peuple Souverain , l'anéantissement de toutes les Législatures.

Un gouvérnement qui ne peut se conser-

ver qu'en déchirant sans cesse ses entrailles , doit avoir le courage de sçavoir mourir :
comme l'infortunée mere , qui, dans le
siège de Jérusalem , ne pouvait vivre qu'en
mangeant son fils , devait n'aspirer qu'à
la gloire du suicide.

Au reste , voulez vous , comte de Mirabeau , que je vous dise votre propre secret?
ce n'est pas du droit de se conserver que
dérive cette grande masse de pouvoir ,
dont s'énorgueillit l'Assemblée Nationale ,
c'est uniquement du droit de conquéte.

M I R A B E A U.

Il est vrai que nous avons conquis peu à
peu la plupart des préjugés qui dégradaient
l'esprit humain ; nous avons conquis le
trône pour l'incorporer à la nation : nous
avons conquis le sacerdoce , pour le rendre à la nature ; de telles conquétes honorent les Alexandre de l'Assemblée Nationales , et s'ils m'en croyaient , ils ne s'arré-
teraient , comme le vainqueur de Darius ,
qu'aux limites de l'univers.

P L A T O N.

Comte de Mirabeau , vous répondez à
votre imagination , quand ma raison seule
vous interroge ; laissez-là un moment l'Assemblée populaire de vos douze-cents législateurs , dont votre éloquence élève à
son gré ou abaisse les flots , et songez que
vous êtes ici dans la prison de Socrate.

Assurément la conquête des préjugés ,
est le plus grand service qu'on puisse rendre à la terre. Elle laisse aux Empires un
ressort toujours subsistant , qui les main-
tient dans une attitude noble et fière , et
les empêche de dégénérer.

Mais cette conquête pacifique est uniquement l'ouvrage des lumières : elle commence en France depuis deux siècles : c'est
Montagne qui en a été le premier Alexandre : votre Assemblée Nationale , dans tout
ce qu'elle a opéré de mémorable , n'a fait
que suivre une impulsion donnée : et , à
cet égard , ses membres les plus distingués,
méritent moins d'être les héros de votre

conquéte philosophique, que ses historiens

Mais quand j'ai fait dériver du droit de
conquéte, la masse effrayante de pouvoir,
qu'ont accumulée les régénérateurs de la
France, je n'ai point prétendu parler de
l'empire de la raison sur les préjugés. Je
n'ai eu en vue que le droit terrible de l'é-
pée, avec lequel les héros absolus mettent
à mort un gouvernement, que le Sage aurait revivifié avec les lumières.

MIRABEAU.

Il me tarde de voir un vieillard du Pél-
ponèse, apprendre à la France, qui l'ignore, que douze cents Sages désarmés, ont
mis à mort, avec l'épée des conquérants,
la Monarchie de Louis Seize.

PLATON.

Eh bien, puisque vous doutez de vos
conquétes guerrières, je vais amuser votre
orgueil, du récit de vos exploits.

Vous étiez, dans l'origine, de faibles

États Généraux , disputant obscurément ,
à l'ombre du trône , sur les usurpations
des Ordres à privilèges. Qui vous a constitués Assemblée Nationale ? ce n'est ni la
nation , dont vous violiés les mandats , ni
le Monarque dont vous dégradiés la Couronne : votre audace seule vous a donné
le Pouvoir suprême , et ce n'est que la
faiblesse du trône qui a pu le légitimer ; or,
cette audace annonce toujours une conquête
guerrière : car si ce n'est pas la force
même , c'est du moins l'appareil de la force
qui en assure le succès ; et une forteresse ,
n'est pas moins au vainqueur , quand il
fait capituler les assiégés sur la brèche ,
que quand il renverse ses murailles.

La Souveraineté une fois conquise , par
le titre reconnu d'Assemblée Nationale ,
vous avez étendu , toujours par la voie des
armes , les limites de votre Monarchie.

Le Clergé vous disputait , au nom du
ciel , la faculté de ramener l'homme à ses
droits primitifs ; au lieu de l'éclairer en
paix sur les bases éternelles du Pacte So-

cial , vous avez armé contre lui un peuple d'autant plus dangereux , qu'il avait
secoué jusqu'au frein d'une mauvaise religion. Alors on a inondé d'images cyni-
ques jusqu'aux pérystiles de vos temples :
on a couvert publiquement d'opprobre les
vierges sacrées qui désservaient vos hôpi-
taux , on a lapidé vos Princes de l'église ;
et ces monuments de licence , toujours
impunis et toujours renaissants , annon-
çaient assez que vous vouliez subjuguer
avec la force et non avec la loi , les ennemis que vous vous faisiés , avec votre machiavélisme et votre inexpérience.

La Noblesse vous importunait de ses
vieux préjugés sur l'honneur , qu'elle a-
vait sucés avec le lait, et avec lesquels elle
voulait mourir ; au lieu d'enchainer à la
Patrie cet honneur même , qui s'égarait
servilement autour d'un trône , vous avez
souffert que les agents invisibles de vos
chefs de factions , violassent les aziles des
grands propriétaires , lacérassent leurs ti
tres, incendiassent leurs châteaux ; et après
leur avoir laissé subir en détail mille gen-

res de mort , vous les avez tués d'un seul coup , en anéantissant la Noblesse.

Vous aviez un trône , dépositaire , depuis douze cents ans , de la Souveraineté ; ce trône , s'il avait conservé à sa disposition l'or de l'État et ses soldats , pouvait , à la longue , corrompre le corps législatif ou le subjuguer ; et il fallait , en l'éclairant sur ses vrais intérêts , lier avec art sa destinée avec celle de la révolution. La moitié de l'ouvrage était fait , puisque le hazard de la naissance vous avait donné un Roi honnête-homme , qui aimait votre liberté autant que vous même : eh bien , quel a été le sort de ce Roi , le seul de l'Europe, créé exprès pour être le Roi de la Constitution Française ? vous lui avez enlevé , sans dédommagement , toutes les prérogatives de sa Couronne : vous lui avez ravi jusqu'au droit de faire grace , ce droit imaginé par la philosophie , pour reconcilier l'humanité tremblante avec la férocité des loix criminelles : vous l'avez laissé plusieurs fois traîner en triomphe devant vous , dans les murs de sa Capitale : vous l'avez exilé, loin de ses Gardes, dans l'enceinte de son Palais : enfin malgré les cris de l'Europe entière, vous avez laissé impuni l'outrage qui a été fait en sa personne à tous les Rois, à l'époque de la nuit des régicides.

La nation du moins devait rester inaccessible à vos hostilités : la nation, au nom de laquelle vous aviez dégradé le trône, rendu le Clergé schismatique, et anéanti la Noblesse ; cependant vos impitoyables Comités préparent un décret pour lui interdire, pendant un grand nombre d'années, jusqu'au droit de révision ; vous vous êtes érigés, sans l'aveu du Souverain né de tous les États, en Convention Nationale, pour dresser un Code de loix, et vous défendrez à ce Souverain de convoquer une Convention Nationale légitime, pour rectifier votre ouvrage.

Si ce n'est pas là mettre l'épée à la place du sceptre de la loi, être en guerre avec les hommes qu'on veut régénérer, et régner sur ses concitoyens, par droit de conquête

quête, il faut faire divorce avec sa logique
et bruler sa grammaire.

M I R A B E A U.

Eh bien ! puisque votre philosophie me
dévoile , tout le reste de mon secret va
s'échapper devant vous. Nous sommes
seuls , car Eponine , homme par son courage , est un autre vous-même. Connaissez
une théorie, que je cache aux faibles gens
de bien que je fais mouvoir , à ces automates vertueux qui partagent aujourd'hui
ma gloire , et qui , si mon plan avait
échoué, n'auraient été que mes complices.

Oui : j'ai conquis la France, avec l'épée
dont j'ai armé le peuple ; et je le devais ;
pour forcer un Roi sans caractère , des
Grands sans pudeur , et des gens de lettres
sans frein à laisser s'élever en paix le colosse de notre législation.

Eh ! quelle est cette philosophie pusillanime, qui s'allarmerait ici du nom de
conquête ? est-ce qu'il existe un seul Empire qui n'ait pas été conquis ? la force des

masses régle tout dans le monde civilisé ,
comme la force individuelle réglait tout
dans le monde de la nature.

Et nous , plus heureux que tous ces
conquérants vulgaires , dont le nom in-
feste les champs de l'histoire, nous n'avons
tiré l'épée que pour forcer un grand peuple à être libre , tandisque les Cyrus , les
Sésostris , les Alexandre , et tous ces héros
des Petites-Maisons de l'antiquité , ne se
baignaient dans le sang humain , que pour
être les dieux du monde qu'ils épouvan-
taient , que pour ajouter au néant d'un mausolée , le néant d'une apothéose.

Vous me parlez d'une insurrection qui
s'opérerait par les lumières ; bon vieillard ,
les lumières , comme la religion , ne sont
un frein que pour ceux qui croyent à leur
influence ; et, sous ce double rapport , il
n'y avait guères , vers l'origine des troubles , que des Athées , au timon du gouvernement.

Lorsqu'un État neuf appelle des loix ,
il suffit peut-être à son bonheur , que quel-

ques rayons, émanés des lumières, illumi-
nent son atmosphère : mais lorsqu'il a
vieilli longtemps sous le despotisme, lorsqu'il regorge d'erreurs et de crimes, ce
ne sont pas des lumières, c'est du feu
dont il a besoin, pour dévorer tout ce
qu'il y a d'impur dans son régime; encore
pour rendre ce feu plus actif, faudrait il
le concentrer, avec le secours de la physique, au foyer du miroir d'Archimède.

J'ai trouvé en 1789, Montagne, Bayle,
Hobbes et Montesquieu, préparant la régénération de la France; mais ces hommes de génie, qui jugent si bien de la
marche des Empires, ne sçavent pas les
faire marcher : d'ailleurs, quand un Pouvoir oppresseur a commencé les hostilités,
l'homme libre doit le combattre à armes
égales. C'est avec des Machines de Guerre, qu'il faut battre en ruine la citadelle
du despotisme, et non avec un Contract
Social et un Esprit des Loix.

Eh! ne voyez-vous pas que la restauration était manquée, si un peuple effrené

P 2

ne s'était fait justice de ses tyrans , par le
meurtre des Foulon , des Berthier , des
Launay et des Flesselles ? si on n'avait brulé
de temps en temps , dans les provinces ,
les titres de despotisme de tous ces petits
Xerxès , qui , par leur orgueil insultant ,
provoquaient l'incendie de leurs châteaux ?
si on n'avait effrayé le trône , en trainant
plusieurs fois un Monarque irrésolu , enchaîné au char de triomphe de la nation ?

L'humanité est une vertu dans un citoyen obscur : mais c'est une faiblesse
dans l'homme d'État , chargé d'imprimer un
nouveau mouvement aux Empires. Il faut,
qu'à la hauteur où son génie s'élève , ce
dernier ne voye que la masse de bien général , qui résulterait , même du malheur
de quelques individus : il faut , que jettant
un regard philosophique sur les scènes
perpétuelles de destruction , qui amènent
l'harmonie sur le théâtre de la nature , il
se persuade que , ce que la philosophie de
Zénon appelle des crimes , entre , ainsi
que le patriotisme le plus pur , dans la
composition des grandes machines socia-

les, et qu'ainsi Rome peut se régénérer avec les Tables de Proscription de Sylla, et la France avec le voile heureux qu'elle étend sur la nuit des régicides.

Tout le système effrayant de défense que j'ai créé ensuite , pour contenir des ennemis qui ignoraient le secret de leurs forces , a été le résultat naturel de mon grand principe : qu'il faut forcer , l'épée à la main , à être libre et heureux , l'homme qui méconnait sa dignité.

J'ai fomenté ces motions sanglantes du Palais-Royal , qui ont délivré peu à peu l'Assemblée Nationale ,des Tollendal , des Mounier , et de tout ce troupeau d'orateurs dangereux qui ne voulaient être qu'hommes de bien.

J'ai imaginé toutes ces Sociétés de Constitution , qui hérissent aujourd'hui la surface de la France , et à la bravoure desquelles j'ai confié le Palladium de notre liberté. Ces Sociétés turbulentes , forment un arsenal toujours ouvert pour le patrio-

P 3.

tisme : c'est là que le trône tremblant choisit les Ministres que je lui désigne , que des armées sans discipline recrutent leurs Généraux , que des hommes d'élite que j'ai initiés , préparent en silence les membres des nouvelles Législatures. J'ai appris à ces confédérations de citoyens d'un jour , qui balbutient encore le mot de patrie , à ne s'armer que contre les enne- mis que je leur indique , à ne se rallier qu'autour des drapeaux dont j'ai tracé les emblèmes. C'est ma Garde Prétorienne : avec elle , on est plus que Roi , l'orsqu'on a réduit un Roi à n'être rien.

Les Puissances étrangères pouvaient contrarier ma politique : mais j'ai eu l'art de susciter aux Monarques absolus des en- nemis dans leurs propres foyers ; toutes les Capitales de l'Europe fourmillent d'A- pôtres, que j'ai fait dépositaires de mon Évangile , et qui propagent, jusqu'au pied des trônes , le dogme de l'insurrection. Malheur aux Souverains à qui il échap- pera le plus léger acte d'hostilité ! je puis être pour eux le Vieux de la Montagne , et

grace au fanatisme de liberté que j'ai ins-
piré , du centre de la sphère où je réside ,
envoyer la mort à tous les points de la cir-
conférence.

Mon plan de défense générale ainsi com-
biné , j'ai marché à de plus grandes entre-
prises : j'ai tenté de subjuguer tout ce qui
pouvait mettre un frein à mes hautes con-
ceptions , sur la liberté des Empires , et
j'ai quitté le bouclier de Fabius , pour
prendre l'épée d'Annibal.

Le Clergé menaçait du ciel nos régénérateurs : j'ai opposé d'une main hardie les
autels de Baal à ceux d'Israël. La Noblesse
nous montrait en perspective les vengeances
éternelles d'un trône relevé de ses ruines ,
et je l'ai anéantie. Ces Alpes redoutables
ainsi surmontées , j'ai montré à mes soldats
la conquête de l'Italie.

Tel est , dans son ensemble , le systéme
auquel ma politique s'est arrêtée , pour
forcer la France , malgré ses despotes , et
peut-être malgré ses Sages , , à être un jour
la première des Monarchies.

P 4

J'ai profité de l'avènement des lumières,
pour protéger le berceau de la révolution :
mais dès que je l'ai vue secouer ses langes,
je l'ai menée au combat, escortée de Machines de Guerre, et armée à la fois de loix
et de bayonnettes.

La révolution, je veux le croire, n'aurait pas commencé sans les lumières : mais
quand on aurait réuni, dans un seul foyer,
toute la raison des philosophes, depuis
Socrate jusqu'à Montesquieu, je suis convaincu qu'elle ne se serait pas terminée sans
les bayonnettes.

Le tems, seul juge, soit des actions qui
ont de la grandeur, soit des crimes qui en
portent l'empreinte, le tems, dis-je, semble avoir justifié ma théorie. Le trône s'est
trouvé abaissé presque sans secousses : le
Clergé est divisé contre lui-même : La Noblesse n'est plus qu'une ombre fière et
vaine qui erre autour de sa tombe : les
Parlements sont réduits à murmurer dans
la poussière. En attendant, s'élève avec
majesté un monument sublime de législa-

tion , qui durera plus que le Capitole et
les Pyramides ; et j'ai l'orgueil de croire
que si la mort venait , au milieu de ma
carrière , se placer entre le bien que je
médite et moi , il me resterait encore assez de titres à la reconnaissance de la Patrie , pour qu'elle m'honorât d'uue apothéose.

PLATON.

Je vous remercie , comte de Mirabeau ,
d'avoir réduit pour moi en maximes Répu-
blicaines , ce PRINCE de Machiavel , que
je croyais fait pour anéantir en Europe ,
toutes les Républiques.

Ainsi a pu parler le Tribun Clodius aux
assassins qu'il soudoyait , pour soutenir la majesté du nom Romain , et Gensé-
ric aux Barbares , qu'il élevait pour la
chute de l'Empire d'Occident : et cette
éloquence mâle et franche d'un conspirateur par systéme , est faite pour réussir
auprès des meurtriers de Cicéron , chez
des Vandales , et devant les Tribunes d'une
Assemblée Nationale,

Pour moi, dont les cheveux ont blan-
chi dans l'examen des sophismes contre
la morale, j'avoue que, peu ébloui de cette
éloquence entraînante, je puis rester votre admirateur, sans devenir votre complice. Vous-même, qui en vous dévoilant
devant un disciple de Socrate, l'avez jugé,
à peine vous flattez-vous qu'on descende
dans l'arène pour vous combattre : car enfin votre doctrine audacieuse est sans base:
vous avez mis un art infini à l'exposer,
mais vous avez oublié d'en faire l'apologie.

Quel est d'abord ce droit de conquête
avec lequel vous organisés les Empires ?
le mot de droit, qui suppose un pacte
primitif, et un pouvoir fondé sur les loix,
n'est-il pas contradictoire avec celui de
conquête, qui désigne la violation de tout
pacte antérieur à elle, la subversion des
loix, et l'anéantissement des Pouvoirs ?

Conquérir, c'est éteindre le droit. Ce
terme, dans la grammaire philosophique,
n'a pas d'autre acception : ainsi régénérer
un État par la conquête, ce n'est pas

réparer ses ruines , c'est le dissoudre.

Hobbes a dit que le méchant était un enfant robuste qu'il fallait enchainer : penseriez-vous que les États sont le méchant de Hobbes, qu'il faut leur supposer une enfance éternelle pour les conduire , et une perversité de nature pour les subjuguer ?

La guerre n'est point un des éléments de l'homme civilisé : car la guerre lui fait perdre tout le fruit de sa civilisation ; ainsi combattre un peuple esclave pour le rendre libre , ce n'est que changer ses chaines, c'est substituer à la tyrannie aveugle des despotes , la tyrannie raisonnée des législateurs.

Un peuple ne peut donner à personne le droit de lui faire la guerre ; car il détruirait par là l'essence de sa Souveraineté , qui consiste à conserver son ordre social. Ainsi tout citoyen qui s'arroge ce droit est un rebelle , tout étranger qui le fait valoir est un usurpateur.

L'état de guerre , quand on remonte

aux éléments de la Société , n'existe donc
que dans ce pouvoir de vie et de mort , confié par toutes les volontés individuelles à la
volonté générale , pour punir les perturbateurs , soit qu'ils infestent les frontières
d'un État , soit qu'ils déchirent ses entrailles.

Ce droit de vie et de mort n'appartient
qu'à la loi ; elle seule prononce et le citoyen exécute : si le perturbateur est hors
de l'État , des guerriers s'arment au nom
de la loi pour le combattre : s'il est dans
son sein , les bourreaux qu'elle désigne ,
s'arment pour le frapper.

L'État est dissous , lorsque les deux Pouvoirs sont réunis sur la même tête : lorsque le législateur , à l'exemple de Caligula ,
ou de Muley-Ismaël , prononce la sentence
de mort et l'exécute.

De cette théorie sort un faisceau de lumières , qui va éclairer la nuit profonde ,
dont vous , comte de Mirabeau , venez
d'envelopper le berceau de votre révolution.

La France n'a pu donner à ses représentants , que le droit de lui dresser un Code
de loix qui , en tirant l'harmonie générale
du sein des discordes civiles , lui sauverait
le fléau de la guerre , soit avec les étrangers , soit avec ses citoyens.

Si les législateurs eux-mêmes , au lieu
de ne combattre que les passions et les
préjugés , font la guerre aux hommes , ce
ne sont plus des Lycurgue et des Numa ,
il faut les ranger dans la classe odieuse des
perturbateurs.

Ou la France a dans son sein une assez
grande masse de lumières , pour soutenir,
sans plier , la secousse de la régénération ,
et alors la Constitution s'élèvera d'elle-
même , surmontant toutes les opinions ,
et toutes les tyrannies, comme le Caucase
surmonte de sa cime la région des orages.

Ou la France n'a pas son sol disposé
pour féconder le germe généreux de la liberté , et tous les efforts qu'elle fera pour
sortir de la fange , ne serviront qu'à l'y

replonger davantage. Sa législation pèsera
sur elle autant que les désordres auxquels
elle devait remédier ; elle souffrira à la
fois et de la force du mal , et de la violence
du remède.

Dans tous les cas , il est absurde d'invoquer la guerre pour lui faire adopter de
nouvelles loix ; car si elle peut se régénérer d'elle-même , c'est l'insulter que de la
combattre, pour la faire travailler à sa régénération : si son état de langueur s'y oppose , la remettre debout avec l'épée, c'est
épuiser ses derniers principes de vie et la
livrer sans défense à la conquête.

Faut-il le dire encore ? la France , ainsi
que tous les États de l'univers, a une morale , contemporaine de son berceau. Cette
morale a du être la boussole des régénérateurs ; elle a dû leur être plus sacrée que
le Code même qu'ils étaient obligés de
dresser : car il importe bien plus à un peuple de conserver le principe des mœurs
que de se donner des loix.

Or la morale des États apprend à épurer

le Contract Social , sans le rompre , à respecter les propriétés du citoyen , à ne faire
la guerre qu'à l'erreur ou à la perversité ,
et à ne conquérir les hommes qu'avec les
armes de l'opinion et avec les lumières.

Toute autre hostilité qu'on se permet-
trait , en revivifiant une Monarchie , prou-
verait qu'on sçait mieux rompre le nœud
des résistances que le délier , heurter en
despote la pensée , que la concilier avec
la loi , tuer le citoyen que de l'éclairer.
Ainsi tout ce systéme de guerre n'annonce-
rait qu'une impéritie criminelle de la part
des législateurs.

C'est vous importuner peut être , comte
de Mirabeau , de m'étendre trop long-
temps sur le crime social de tenter une
révolution avec l'épée : je vais envisager
maintenant le probléme non du côté de la
justice primordiale , mais du côté de la politique ; je parlerai alors une langue que
vous êtes plus à portée d'entendre.

Il ne fut jamais utile à un État de

confier la plus effrayante des dictatures , à
douze cents hommes qui ne portent pas
sur leur front l'antique empreinte du talent et de la vertu : car il est à craindre
qu'on n'opère le mal avec l'énergie du
civisme exalté , ou qu'on ne fasse le bien
qu'à l'aide des factions , ce qui le fait calomnier.

Il ne fut jamais utile à un État de se
jouer arbitrairement de toutes les idées
reçues en politique et en religion , avant
d'avoir apprivoisé les esprits avec la théorie
audacieuse qui les renverse : car le torrent
alors ne fait que se resserrer entre les digues qu'on lui oppose , et devenu plus
terrible par la résistance , il déborde avec
impétuosité , et va engloutir la législation
avec les législateurs.

Il ne fut jamais utile à un État de faire
connaître à des citoyens , qu'il peut hériter d'eux de leur vivant ; car dès lors l'intérêt personnel , plus fort que le civisme ,
s'éveille ; on se réunit à regarder la mere
commune , comme un despote plus terrible

ble que ceux qu'elle vient d'abbattre, et les grands propriétaires conjurent pour dépouiller la Patrie , avant qu'elle devienne puissante , en accumulant leurs dépouilles.

La France sur-tout , qui avait vu une raison supérieure entourer les commencements de sa révolution , devait s'indigner de toute politique , qui viendrait effrayer sa morale.

Et en effet , quel a été , comte de Mirabeau , dans cette belle Monarchie , le fruit de votre système effrayant de subversion ? vous avez armé entre eux des esclaves qui n'ont fait que changer de maitres : vous avez entamé une guerre désastreuse , qui n'est bonne qu'à faire gémir à la fois les vaincus et les vainqueurs : vous avez accumulé des conquêtes , dont l'homme de bien pacifique rougit , et qu'il faudra rendre à la paix suivant l'usage.

Vous dites que la révolution Française est unique dans son espèce , comme le génie de l'homme ; pourquoi donc l'avez-

vous gâtée , en la soutenant par tous les
moyens vulgaires , qui ont été jusqu'ici la
ressource des artisans des discordes civiles ?
vous avez substitué le despotisme d'un
Corps au despotisme d'un seul : les Trente
Tyrans l'avaient fait avant vous dans Athènes. Vous avez dépouillé par des décrets
le propriétaire tranquille , qui jouissait à
l'ombre des anciennes loix : vous aviez
pour modèles Clodius et tous les propaga-
teurs des loix agraires. Vous avez assassiné , au nom du peuple , les infortunés
qui le nourrissaient : tel a été l'unique
talent des Rienzi et des Mazanielle.

Il n'y a pas de génie à s'armer du fer
pour protéger des loix nouvelles , mais à
faire des loix si amies de l'homme , qu'elles
rendent le fer inutile.

Si la révolution de France est seule de
son espèce dans l'histoire , c'est qu'elle
doit son origine aux lumières : il fallait
donc pour être conséquent , avoir le courage de la consommer avec les lumières.

Dire que telle était , dans cette Monar-

chic , la masse des résistances à surmon-
ter , que la raison était impuissante , pour
revivifier ses ruines , c'est à mon gré , calomnier à la fois la France et la raison.

La France était mûre , pour recevoir le
grand bienfait d'un Code de loix fondé sur
les mœurs, puisque , depuis deux cents ans ,
la philosophie s'y occupait à ramener à la
nature toutes les rêveries des instituteurs
des hommes : puisque la liberté de penser,
devenue plus puissante par les entraves de
la presse , y sappait lentement par la base
toutes les espèces de despotisme , depuis
celui du trône , jusqu'à celui des Acadé-
mies.

Cette raison avait fait l'essai de sa force,
le jour mémorable de l'insurrection Parisienne , où deux cents mille bourgeois se
firent tout à-coup citoyens , et où , par
leur seule attitude grande et fière , ils firent reculer devant eux l'héritier absolu
du trône de Louis Quatorze.

Ce jour là décida de la chute du despo-

tisme. Ministériel , des inquisitions d'État
et des Bastilles : il autorisa tous les Her-
cules à nettoyer cet amas immonde d'abus
et de basses déprédations , qui avaient fait
des alentours du trône une étable d'Au-
gyas : il rendit la Souveraineté à la nation ,
en lui donnant pour représentants , non
des États-Généraux , mais une Assemblée
Nationale.

Que manquait-il , en ce moment , aux
régénérateurs de la France, pour répondre
à l'attente des Sages ? un Ministère suspect
avait disparu ; l'armée royale avait refusé
de combattre des citoyens : le Clergé , la
Noblesse et le Tiers réunis , parlaient ensemble la langue du patriotisme , dans le
même Aréopage.

Assurément une pareille puissance ac-
quise par l'Assemblée Nationale , en vertu
d'une insurrection pacifique qui se trouvait légitimée par les lumières , suffisait
pour étouffer tous les murmures , pour
amortir toutes les résistances ; et on pouvait consolider le grand ouvrage d'une ré-

tauration générale , sans décrets machia-
véliques , sans Tables de Proscription , et
sans torches d'incendie.

Et quand même , à cause de la dégrada-
tion des mœurs qui accompagne toujours
la décadence des Empires , le poids de
l'insurrection Parisienne n'aurait pas suffi
pour maintenir long-temps l'équilibre philosophique entre l'ancien régime , et le
nouvel ordre de choses , un hazard plus
heureux que toutes les combinaisons politiques , a favorisé ce dernier , en ajoûtant
deux poids nouveaux dans la balance.

L'un est la générosité de Louis Seize ,
qui , plus grand que Codrus , parce qu'il
avait à se plaindre de l'Athènes pour qui
il se dévouait , a déposé les priviléges de
sa Couronne , pour épargner le sang de
ses peuples , et a préféré le titre de premier magistrat d'une nation libre , à celui
de Roi de vingt-cinq millions d'esclaves.

Un autre poids , non moins puissant ,
pour donner de l'énergie au Pouvoir régé-

Q 3

nérateur , résultait de la renonciation sublime des Classes diverses de citoyens ,
à tout privilége oppresseur , à l'époque de
la nuit des sacrifices.

Existe-t-il donc en Europe un Pouvoir ,
si des législateurs , qui ont derrière eux
deux cents mille hommes armés pour la
Patrie , et à leur tête , un Roi magistrat ,
et des Corps privilégiés devenus citoyens ,
n'ont pas celui de se régénérer par les lumières ?

Le pouvoir n'a jamais manqué à l'Assemblée Nationale , quand elle a voulu
éclairer : on ne le lui a disputé , que quand
elle a voulu combattre.

Les régénérateurs seraient peut-être ar-
rivés plus lentement au terme de leur travaux , parce qu'il est plus difficile de faire
coïncider à un seul point des intérêts naturellement divergents , que de n'en supposer qu'un seul , plus pénible de composer
avec l'orgueil que de l'anéantir. Mais
aussi ils auraient érigé un monument , à

l'épreuve des atteintes du temps et des outrages des hommes : ils auraient, à l'exemple de la nature , lorsqu'elle projetta de lancer les Mondes dans l'espace , dressé un plan d'organisation pour les Empires , qui aurait eu le sceau de l'éternité.

Après avoir fait pressentir la destinée d'un monument de lumières , il faut que je vous éclaire , comte de Mirabeau , sur celle de votre monument de destruction.

Vous avez fait une révolution avec l'épée ; l'épée , n'en doutez point , ne tardera pas à la détruire.

Au lieu de lier le trône à la Constitution, vous l'avez mis hors d'elle , en annullant son influence ; et la Constitution sera un jour conquise par le trône , qui deviendra alors plus absolu que jamais.

A moins que par une chaîne de crimes et de désastres, dont le pressentiment sinistre vient toujours malgré moi attrister ma pensée , le peuple, que vous commencez à

faire Roi , n'anéantisse successivement , et
le trône que vous avez laissé sans défense ,
et le Code que vous avez fondé sur des
sophismes , et l'Empire devenu Républicain , et lui même.

Vous avez institué deux Clergés , quand
il ne fallait que des individus , au ministère des autels ; et quand ces deux Clergés
seront las de se charger d'anathèmes ,
éclairés sur leurs vrais intérêts de Corps ,
ils conjureront ensemble pour écraser votre Constitution , en faisant tomber sur
elle le colosse imposant de la religion.

Pouvant appuyer l'État régénéré sur une
Noblesse sans pouvoir et sans privilèges ,
vous avez mieux aimé qu'elle disparut devant vous : mais l'épée n'ôte pas l'existence
aux êtres d'opinion : des décrets oppresseurs peuvent faire dormir la Noblesse ,
mais non l'anéantir. Tant qu'il restera en
France des Chevaliers d'ancienne race ,
qui sentiront circuler dans leurs veines
quelques gouttes du sang des Nesle , du
Beaufremont et des Montmorency , ils es-

péreront faire revivre leurs ancêtres , et ils aimeront mieux servir comme Généraux, pour abattre votre système de loix , que comme soldats pour le défendre.

D'ailleurs , en adoptant la théorie sanglante des Sylla et des Cromwel , pour régénérer la France , vous n'avez pas été conséquents. Il n'y avait point de composition à proposer à des victimes dépouillées, qu'on laissait respirer sur un champ de bataille : il fallait calculer les effets lents mais terribles du désespoir : après s'être réduit à tirer l'épée contre des ennemis immortels , il fallait en jetter le fourreau.

Ayouez , comte de Mirabeau , que tout impitoyable qu'a été votre morale législative , elle se trouve encore gâtée par un reste de lumières. Vous n'avez pas osé faire tout ce que demandait la première loi de la tyrannie , le sacrifice de tout à sa sureté. Vous avez laissé subsister le trône , et il fallait vous ériger en République : vous vous êtes contenté de semer la dis-

corde entre vos deux Clergés et d'avilir
votre Noblesse : et il fallait faire une Sàint-
Barthélemi de prétres et de Gentils-hommes.

Vous croyez du moins que le peuple ,
que vous avez eu l'imprudence d'armer ,
conservera votre ouvrage : vous étes dans
l'erreur ; le peuple mutile , ravage , renverse , mais ne conserve rien ; vous l'avez
apprivoisé avec le sang humain , et ce
sang deviendra pour lui un second élément;
il répand d'abord avec volupté celui que
lui indique votre haine , et il répandra ensuite le votre , s'il lui est indiqué par la
vengeance.

Je sçais qu'en ce moment , non de paix
mais de stupeur, où la législation marche,
parce qu'elle ne foule que la poussière
unie des tombeaux , on regarde l'ensemble
de votre théorie , comme le chef-d'œuvre
de la politique humaine ; votre gloire re-
tentit dans toutes les bouches , que l'effroi n'a pas rendues muettes ; et , si on vous
perdait dans ce moment d'yvresse , je ne

doute pas qu'ébloui par l'éclat imposant
de votre renommée , on ne rendit à votre
cendre des honneurs qu'on a refusés à celle
des l'Hôpital, des Colbert et des Fénélon.

Mais tous les monuments qu'un peuple
aveugle érige n'ont que le sable pour base.
Ne lisez , si vous êtes sage , dans le livre
de vos triomphes , que la page fatale des
revers. Si de nouvelles Législatures ne rec-
tifient pas les erreurs de cette Convention
Nationale ; si Louis Seize n'est pas Roi : si
la nation plus libre ne devient pas plus
heureuse , tremblez que ce même peuple,
à qui vous avez ôté son or , et à qui vous
n'avez laissé que du fer, ne vienne demander compte à votre mémoire des désastres
de la France ; qu'il ne couvre de fange
vos statues mutilées , et qu'il n'arrache
votre cendre à peine éteinte d'un azile de
paix , qui ne réclame que la dépouille sacrée des grands hommes.

Je vous contriste , sans doute , comte
de Mirabeau ; mais entouré , comme vous

l'êtes , d'ennemis et d'adulateurs , je vois
que tout conspire à vous égarer. Vous
avez eu le courage de venir chercher la
vérité au fond d'une prison , et je paye ce
trait de confiance , en vous jugeant digne
de l'entendre.

Si je ne vous avais pas cru susceptible
d'être rappellé à la vraie gloire , si je n'a-
vais vu dans les grands crimes qui vous
ont échappé , le germe des grandes choses que vous pouviez opérer , apprenés que
c'est en vain que vous seriez venu dans
ce cachot interroger ma pensée : mon génie aurait été muet devant le vôtre ; et je
n'aurais accueilli votre curiosité philosophique , que de ce silence terrible , avec
lequel j'ai confondu le machiavélisme de
votre Comité des Recherches.

Oui , comte de Mirabeau , vous revien-
drez un jour de vos longues erreurs , sur
les bases d'un bon gouvernement : vous
reconnaitrez qu'on ne remue pas les grandes Monarchies avec le lévier populaire ,
. comme les petites Républiques de Genève

et de Saint-Marin ; vous laisserez les rêveries sur l'égalité sociale aux philosophes d'un jour , qui nivellent le monde , sans avoir les premiers élémens de sa structure; et renonçant à l'honneur dangereux de déchirer l'État pour le gouverner , vous ne ferez plus la guerre qu'aux factieux de tous les partis , qui retardent de plusieurs siècles le règne des lumières. Alors , presque seul au milieu des législateurs , des voix faites pour maitriser l'opinion publique , vous consoleront d'un abandon qui vous honore ; et si vous êtes enlevé à la Patrie , lorsque vous lui faisiez concevoir de si hautes espérances , elle ne rougira pas de l'orgueil de votre apothéose.

Cet État même , tout affaibli qu'il est , soit par la violence d'une blessure invétérée , soit par l'indiscrétion du remède , a encore de grandes ressources : et ces ressources sont dans la Constitution même que vous avez dégradée. Au milieu de ce champ de destruction et de mort , s'élève un grand nombre de palmes triomphales , au pied desquelles germeront un jour la tranquillité et le bonheur de l'Europe.

Car, ne croyez pas que les vérités har-
dies, que je vous ai annoncées, m'empé-
chent de rendre hommage à ce qu'il y a
de grand et de sublime dans votre législation. Il n'y a personne qui aime la liberté
avec plus d'idolatrie que moi : personne,
dont le mot sacré de Patrie frappe plus dé-
licieusement les oreilles, et remue plus
voluptueusement le cœur. Le Péloponèse,
l'Allemagne, et peut-être l'Europe ont
retenti de ce que j'ai fait, de ce que j'ai
écrit, de ce que j'ai souffert pour elle ; et
quand une vie entière s'est écoulée à secouer ses chaînes, pour en frapper ses
tyrans, ce n'est pas au moment où le tombeau s'ouvre, pour soustraire un philosophe, même au joug de la nature, qu'on
peut le soupçonner de vouloir faire l'apologie de la servitude.

Votre révolution m'a paru, dans son
origine, le plus beau défi fait par la raison
à tous les Pouvoirs oppresseurs, qui voulaient lui ôter la conscience de sa dignité.

Je l'ai dit , avec quelque courage , à des Rois absolus qui pouvaient m'en punir ; et tel était mon enthousiasme , pour une régénération d'État opérée par les lumiè-res , que j'ai voulu être Français moi-même , et venir mourir chez un peuple de Sages , pour rendre moins amer à. mon Eponine , le moment où elle me fermerait les yeux. Je ne m'attendais pas qu'une nation , née pour être le modèle de l'Eu-rope , accueillerait ma confiante franchise avec de l'opprobre et des fers.

L'injustice de la Patrie que j'adoptais , ne me rendra pas injuste moi-même. Je verrai toujours la Constitution Française , telle qu'elle est, c'est-à-dire, comme la belle statue de l'Antinoüs , restaurée par des barbares : ce monument , tout défiguré qu'il parait , respire encore. Croyez-moi , si vous avez de la patience , cherchez ses vrais membres mutilés dans les décombres du Capitole ; si vous avez du génie , osez refaire la statue.

Tout ce que les lumières ont mis dans

votre Code est admirable : tout ce que les
factieux , soit parmi les oppresseurs , soit
parmi les victimes , y ont ajouté , le dégrade. Ayez donc le courage de revenir un
moment sur vos pas , et de séparer , dans
votre création , des élémens hétérogènes ,
qui ramèneraient la nuit du cahos.

Que vos législateurs ne disent pas , que
si l'Assemblée Nationale reculait , sa majesté serait compromise ; ce sophisme est
celui de tous les despotes : vous ne voulez
pas sans-doute imiter les oppresseurs de
l'homme , que vous venez abbattre ; vous
ne voulez pas , pour épargner à votre vanité l'aveu honorable de votre inexpérience , que la vérité et la nature reculent
devant vous.

L'Europe entière semble , en ce moment , conjurer contre votre révolution :
les Rois qu'elle intimide , vos transfuges
qu'elle proscrit , vingt millions d'infortunés que vous faites autour de vous , en
comprimant toutes les existences individuelles , vous annoncent le danger de la
première

première explosion ; soyez assez grand ,
pour prévenir , par des sacrifices , le dé-
sastre de la Patrie que tant d'hommes ont
intérêt à renverser ; et capitulés avec vous
même , pendant qu'il en est temps , pour
vous sauver la honte de capituler un jour ,
sur une brèche que vous ne pourrez plus
défendre.

Une déclaration des droits de l'homme à
refaire , une nouvelle base à donner à la
religion , le crédit national à revivifier ,
un code pénal à adoucir , le mode des im-
positions publiques à changer , une multitude innombrable de citoyens à rétablir
dans leurs propriétés , surtout des mœurs
à donner à un peuple qui en a plus besoin
que de loix : voilà , dans leur ensemble ,
les réformes que vous devez faire à votre
Constitution , si vous voulez qu'elle sub-
jugue votre nation entière , et par contre-
coup les Monarchies de l'Europe.

De ces réformes en masse , découleront
naturellement toutes les réformes de ces
imperfections de détail , qui vous empê-

chent de jouir du grand bienfait d'une régénération par les lumières.

En ne donnant pas à l'homme social
une fausse idée de ses droits , vous lui en
donnerez une plus juste de ses devoirs :
dès-lors le peuple sera désarmé , il y aura
une force publique et parconséquent un
gouvernement.

En éloignant le fléau d'une religion nationale , vous étoufferez dans son germe
le fruit empoisonné du fanatisme : vous
établirez un pacte entre la Patrie et l'ordonnateur des Mondes , et vous n'aurez
plus que des prétres citoyens.

Le rappel du crédit national vous obli-
gera à réduire par dégrés, jusqu'à l'anéantissement total , ce terrible papier -mon-
naye , dont vous avez eu la maladresse
d'infester toutes les Classes de la société :
qui écrase sur-tout le peuple , que vous
deviez protéger , et qui multiplie sous mille formes hideuses le spectacle de votre
banqueroute.

Quand vous rendrez aux citoyens leurs propriétés, ou que votre justice les dédommagera de la rigueur de leurs sacrifices ; vous aurez un Roi , et la Patrie pourra compter sur les offrandes des ministres des autels et sur le sang de sa Noblesse.

Enfin , lorsqu'il s'agira de fonder vos loix sur la base des mœurs , vous secouerez l'opprobre de cette Contribution Patriotique , qu'au mépris de vos engagements , vous avez rendu forcée , de volontaire qu'elle était dans l'origine : vous anéantirez ces Monts de Piété , qui consacrent l'usure et l'impunité des larçins : vous abrogerez ces infâmes Loteries , où l'État joue la ruine des peuples : sur-tout vous couperez toutes les têtes de l'hydre financière et de l'agiotage.

Ce n'est pas en consultant votre Assemblée Nationale , que vous trouverez le mode de toutes ces grandes et généreuses réformes : presque tout ce qui a fait preuve de talent , y est vendu à des factions contraires , qui craignent également le flambeau de la raison : le reste , renfermé dans son obscure probité , ne sçaurait donner d'essor à son civisme ; c'est la partie enseignante de la nation , qui peut seule ici devenir votre oracle. Interrogez l'homme de lettres modeste qui se dérobe à sa célébrité : encouragez les bons livres sur le gouvernement , que l'indigence générale empêche de publier ; et de tous ces rayons unis , vous formerez un faisceau de lumiéres , qui achèvera de dissiper la nuit profonde , dont on entoure votre législation.

Et si , dans cette stupeur générale où vous avez réduit tous les esprits , le philosophe restait muet : si votre despotisme , comme celui du Calife Omar , anéantissait tous les bons livres de la Bibliothèque d'Alexandrie ; ou, ce qui est plus déplorable encore , les empêchait de naître , venez dans ma prison : trente ans de travaux sur l'économie politique , m'ont fait naître quelques idées heureuses. Je puis sauver la France , et c'est l'unique vengeance qu'il me convient d'en tirer , si elle a ordonné mon supplice.

CHAPITRE XLI.

MANIFESTE

DE LOUIS XVI.

DERNIERS ÉVÉNEMENS DU RÈGNE DE LA CONVENTION NATIONALE ET SA MORT.

LE comte de Mirabeau, depuis cet entretien, s'étonna de devenir un homme
nouveau. Descendu dans son propre cœur,
et voyant qu'il allait prostituer au boulever-
sement des Empires, un grand talent qu'il
avait reçu de la nature pour les organiser,
il eut le courage de préférer la gloire paisible mais durable d'un Solon, à la célébrité turbulente d'un Catilina ou d'un
Erostrate.

Il avait eu long-temps la faiblesse de
croire que, dans un État dégradé, les petits moyens sont nécessaires à qui veut
opérer de grandes choses, et d'après cette

R 3

théorie deshonorante , pour le nom Français , il s'était permis d'instruire des Sociétés Populaires , à répéter servilement
ses oracles ; il avait acheté le suffrage vé-
nal des distributeurs littéraires de la renommée : il avait fait servir l'or des artisans
des troubles , dont il disposait , à sou-
doyer dans toute l'Europe des agents invisibles , qui préparaient sourdement la chute des trônes absolus. Éclairé depuis , par
le Philosophe du Péloponèse , il rompit
sans éclat avec la horde de ses satellites ,
déclara une guerre immortelle à tous les
factieux , et voulut faire reposer sur son
génie seul , la destinée de la révolution.

Convaincu , d'après ses nouveaux principes , qu'une Monarchie sans trône est
un monstre dans l'ordre des gouvernements , il travailla à rendre à un Roi ,
qu'il avait eu le malheur de haïr , quel-
quels-uns des privilèges essentiels de sa
Couronne.

Qui sçait si , rendu tout-à-fait à la raison
sublime des Penn et des Locke , il n'au-

rait pas refondu toute la Constitution Française, dont le moule originel est si évidemment défectueux ? c'est alors que Rome
aurait oublié les crimes d'Auguste Trium-
vir, pour ne plus s'occuper que de la haute sagesse d'Auguste Empereur : mais la
mort vint le frapper, au moment que la
Patrie commençait à sourire à ses travaux:
et la reconnaissance publique, en enfer-
mant sa cendre dans le Panthéon, ne crut
pas que le mausolée d'un homme extraordinaire fut déplacé à côté de la tombe des
grands hommes.

Cette mort mémorable fut accompagnée
ou suivie de peu d'évènemens propres à
faire époque dans les annales des révolutions ; à peine en trouve-t-on, trois que la
postérité, refroidie sur les petites querel-
les des grands orateurs de l'Assemblée
Nationale, jugera dignes d'occuper le
burin d'un Salluste ou d'un Tacite.

L'un est la retraite forcée du philosophe Necker, le premier mobile de l'insurrection Française, qui long-temps tint lieu

R 4

de providence à une grande nation fière d'avoir secoué tous ses Pouvoirs, et qui, contrarié dans toutes ses démarches, par les législateurs qu'il avait initiés dans les élémens de l'administration, devenu indifférent à la multitude qui avait fait son apothéose, sans cesser d'être odieux aux despotes de l'ancien régime, qu'il avait dévoilés, expia par le plus rigoureux Ostracisme, l'honneur dangereux d'avoir appris à la multitude qu'elle pouvait former un poids dans la balance politique d'une Monarchie.

Un autre évènement qui nous rapproche plus des malheurs de la triste Éponine, c'est la cassation du Châtelet, comme tribunal des crimes de lèze nation.

Le Châtelet n'avait pas toujours été un foyer de lumières. On sçait que sous l'ancien régime, il se consolait quelquefois de sa nullité dans les affaires d'État, en brûlant les livres des Sages. Le procès de la PHILOSOPHIE DE LA NATURE, en couvrant ce tribunal d'opprobre aux yeux de l'Europe,

lui apprit peu à peu à fléchir sous le joug
de l'opinion publique ; et à l'époque de
l'insurrection Française , il était déjà assés
régénéré , pour former au milieu d'une
nouvelle Athènes un nouvel Aréopage.

Oui , disait quelquefois Eponine à son
pere , ils respecteront vos jours , ces magistrats , pour qui des victimes demandées
par le peuple , sont des êtres sacrés.
Voyez , comme ils sauvent , avec la loi
qu'ils interprétent , tout ce qui n'est mar-
qué du signe de la réprobation , que par
le sceau des inquisiteurs ; déjà cent infortunés leur ont été dénoncés comme de vils
conjurés , et ils n'en ont jugé qu'un digne
du supplice ; on dirait qu'ils ont élevé un
autel à l'humanité , à côté de la statue
embrâsée du Saturne de Carthage , qui
semble la divinité du Comité des Recherches.

J'ai quelquefois , ma fille , répondait le
Philosophe , le pressentiment que te donne
ta vertu. Tant que je serai sous la sauve-
garde du Châtelet , je ne boirai point la

cigüe , et ainsi sera trompée l'attente des hommes qui nous persécutent ; parceque notre patriotisme est exempt de férocité.

Mais ces magistrats servent trop bien la cause des lumières , pour ne pas faire ombrage à une faction dominante , qui ne veut régner qu'avec des poignards et avec ces gibets; leur influence dans la révolution Française ne tient plus qu'à un fil , et , si ce fil est rompu , mon Éponine éperdue recevra mes derniers adieux.

Le Philosophe ne lut , en ce moment , qu'un feuillet du livre de l'avenir. Le Châtelet devait être cassé ; mais le pere d'Éponine ne devait être condamné que par la nature à mourir.

C'était à cette époque que l'Assemblée Nationale , forcée par le cri public , avait chargé le tribunal des crimes de lèze nation , d'instruire le procès épouvantable de la nuit des régicides.

Le Châtelet n'ignorait pas que les grands mobiles de cette trame , pendant un silen-

ce de neuf mois , avaient eu le temps de
rompre tous les fils qui pouvaient conduire jusqu'à eux : que le Comité des Recherches ardent à dénoncer l'innocence ,
le contrarierait dans la poursuite des scélérats : que le peuple enfin , perverti par les
patriotes sectaires , tenterait de le punir
d'avoir été juste. Malgré tant de motifs
pour être faible , ce tribunal resta ferme
comme la raison , et pur comme l'honneur. Il déclara , d'après l'instruction la
plus sévère , que la nuit des régicides était
l'effet d'un complot , que de grands personnages de l'Assemblée Nationale y avaient
trempé , et qu'il fallait des supplices d'é-
clat , pour effacer la tache , dont cette nuit
d'horreur avait couvert le nom Français
en Europe.

C'est ici que les législateurs achevèrent
de convaincre les hommes sages qui avaient
la vraie religion du patriotisme , que l'Ar-
che sainte de la raison n'était gueres soutenue que par des Amalécites.

Le Châtelet fut cassé : on créa une hau-

te Cour Nationale à Orléans ; et il fut réso-
lu, parmi les chefs des représentants Français, que pour ne point faire le procès à
la révolution, on laisserait dans un oubli
éternel celui des régicides.

Eponine, disait le Philosophe, cet évé-
nement doit être ajouté à la bizarrerie de
ceux qui enchaînent notre vie orageuse.
Les chefs de la Patrie cassent le Châtelet,
au moment où il a le plus mérité d'elle,
et ses magistrats-citoyens, menacés par un
peuple qu'ils ont voulu sauver, chargés
d'anathèmes par les législateurs qu'ils
éclairaient, ne recueillent peut-être de
bénédictions que de la part de deux infortunés, qu'ils ont laissé languir dans la
nuit profonde de leurs prisons.

Au reste, à mesure que l'opinion sur-
nagera sur la fange où les factions la tiennent ensevelie, ces bénédictions solitaires
deviendront en France la voix publique.
Plus l'esprit de paix, de modération et de
générosité, sans lequel tout système de
liberté est absurde, gagnera la masse des

citoyens , plus le service rendu à l'État par
le Châtelet , pendant le sommeil des loix ,
paraitra au grand jour ; plus il contrastera
avec la lâche et inutile férocité du Comité
des Recherches.

Tu m'auras peut-être fermé les yeux ,
ma chere Eponine , lorsque la Convention
Nationale de France jugera à propos de se
dissoudre : mais ces considérations te lais-
sent un moyen presqu'infaillible d'apprécier sainement , à la vue simple des élec-
tions , les opérations futures de la prochaine Législature.

Si les Corps Électoraux ont le courage
de tirer de sa vertueuse obscurité le mérite
modeste qui se cache ; s'ils font représen-
ter la nation par des hommes supérieurs
aux préjugés du temps , qui voyent dans
l'acte sublime de la Constitution , les erreurs profondes qui la défigurent , et leur
remède ; si sur-tout ils honorent les places
des législateurs , en les donnant aux membres intègres du Châtelet , qui n'ont point
blessé la morale , en jugeant les crimes

obscurs de lèze-nation , l'État , n'en dou?
tons point , sera sauvé , et comme un fleu-
ve qui retrouve son lit , il reviendra de lui-
même à la régénération des lumières.

Mais je ne me fais que des idées sinistres de cette France que j'idolâtre encore,
malgré ses injustices , si les Sociétés Populaires pèsent seules sa destinée : si c'est de
ce sein impur qu'on tire les représentants
de la nation; si , malgré l'indignation publique , on ne voit assis aux places des
Clermont-Tonnerre , des Périgord , des
Cazalès et des Mirabeau , que des fanatiques , devenus Évêques par l'Apostasie ,
des intrigants qui doivent leur brevet de
patriotisme à des libelles , ou d'anciens
inquisiteurs , que leur probité même ne
laverait pas , auprès de la philosophie , du
délit originel d'avoir été membres du Comité des Recherches.

Pendant que le Philosophe et sa fille ,
tâchaient ainsi d'écarter un coin du rideau
qui leur cachait les destinées de la France ,
le geolier homme honnête , et par cette

sympathie de caractère , devenu leur ami ,
vint leur annoncer , en versant des larmes
de joie , qu'il allait les emmener dans son
propre appartement , où ils respireraient
l'air le plus pur de la prison. Il ne leur
dissimula pas que c'était un bienfait du
comte de Mirabeau , qui avait sollicité
l'ordre de les faire jouir de tous les agré-
mens de la vie , n'osant leur procurer la
liberté, pour ne pas se compromettre avec
les Comités des Recherches.

Le vieillard répondit au procédé touchant du geolier , en lui serrant la main.
Oui , partons , mon pere , dit Eponine ;
ensuite , par un retour sur elle-même ,
nous étions si bien ici , ajouta t elle , et
ses regards se fixaient douloureusement
sur l'angle du mur , où son nom était gravé au dessus de celui de Villeneuve.

A chaque moment , le Comité des Recherches envoyait de nouvelles victimes
au Châtelet , et le geolier obligé , pour
loger cette foule d'infortunés dans l'enceinte étroite et mal-saine de ses tours , de

varier ses combinaisons , tira alors le chevalier de Villeneuve , qui lui était cher ,
d'une espèce de cachôt où il languissait ,
et le transféra dans le réduit un peu déco-
ré qu'avait habité le Philosophe.

Le chevalier , en entrant dans ce sanctuaire de la vertu , sentit une émotion involontaire , qui lui fit verser quelques
larmes ; il se rappella alors qu'il avait été
déposé , pendant quelques heures , dans
ce même lieu , la première nuit de sa captivité ; qu'il y avait gravé un nom bien
cher à son cœur ; et un mouvement machinal le fit s'élancer vers l'angle du mur , où
devait être le nom d'Eponine.

Il faut connaître toute l'yvresse d'un
premier amour , qui espère d'être heureux,
pour peindre l'extase voluptueuse du jeune infortuné , quand il reconnut l'écriture
tremblante de la fille du Philosoph . Il
'ombe à genoux devant ce monume .t de
la tendresse la plus vertueuse : Puissances
Célestes , s'écrie-t-il , elle a donc habité ce
séjour ! elle sçait que mon cœur flétri par
les

les revers , est encore plein de son image ;
son ingénuité s'en énorgueillit peut-être...
Frappés tyrans , je mourrai plus fortuné
que vous.

Un de ces tyrans était derrière le chevalier ; c'était un des membres du Comité
des Recherches , qui exerçait une sorte de
police dans les prisons. A la vue des deux
noms gravés dans l'angle de la muraille ,
et du prisonnier qui se prosternait devant
eux , il devina sans peine le secret , que
la perspective de la mort n'avait jamais pu
arracher à l'infortuné. Homme dangereux ,
dit-il , votre aveugle amour m'éclaire : vous
cachés un titre distingué sous le nom vil
d'un esclave. La conspiration dont le peuple vous accuse , pourrait , je le vois ,
n'être plus un problème : préparez-vous à
être bientôt jugé ; il faut , ou que l'État
s'acquitte envers vous par votre liberté ,
ou que vous vous acquittiez envers lui par
votre supplice.

Le jeune captif répondit à l'inquisiteur
d'État , en lançant sur lui un de ces regards

qui écrasent l'homme de sang , destiné à avoir des remords. Celui-ci se retira le cœur ulcéré , et se promettant bien d'instruire le public de ce coup-d'œil de mépris , dans le mémoire qu'il allait imprimer contre l'amant d'Éponine.

Cependant le bruit , qu'on allait instruire le procès d'un chevalier de Malthe , du nom de Villeneuve , ne tarda pas à se répandre. L'Ami du Peuple et son Orateur en instruisirent les énergumènes de la Capitale : comme le Philosophe et sa fille ne lisaient point ces inepties turbulentes , ils n'en surent rien , mais une pareille découverte n'échappa pas à la vigilance inquiète de Zima , de cette sensible Zima , qui , le cœur plein de l'image de son premier libérateur , le demandait depuis un an à toute la nature.

Pendant qu'on s'apprêtait au Châtelet à juger le prétendu crime de lèze-nation du chevalier de Villeneuve , il s'en commettait de réels , dans toutes les provinces du nouvel Empire Français. On s'égorgeait

dans la Métropole et aux Colonies, au nom
d'un Code de loix qui n'existait pas en
core ; la Provence voyait pendre à un arbre, le plus renommé de ses jurisconsul-
tes, pour avoir tenté d'éloigner de la Monarchie le fléau du Républicanisme ; on
dévorait près de Lyon le cœur sanglant
d'un vieillard, coupable d'avoir défendu
ses foyers, contre des assassins disciplinés,
qui avaient le nom de liberté sur leurs
drapeaux.

Éponine ne pouvait revenir de sa surprise, de ce qu'un peuple qui s'énorgueillissait d'avoir conquis la liberté sur le trône,
copiait impunément toutes les horreurs de
la tyrannie qu'il venait d'abbattre ;

LE PHILOSOPHE.

Et moi je m'étonne, que ce peuple, déchaîné par d'aveugles législateurs, ne se
livre pas à de plus grands attentats : je m'é
tonne qu'avec des millions de bras, il ne
coupe pas toutes les têtes isolées du corps
politique ; l'homme du bien timide le

S 2

maudit pour quelques assassinats , moi
j'ose lui sçavoir gré de n'avoir pas abreu-
vé la France entière de sang et de carnage.

EPONINE.

Il est donc des gouvernements , mon
pere , où la multitude ne doit jamais con-
naitre que les devoirs vulgaires de l'obéissance.

LE PHILOSOPHE.

Je te révèle , ma fille , une vérité aus-
tère : mais il n'est aucune sorte de gouvernement , ou il faille donner l'attitude
du commandement à la multitude.

EPONINE.

Ainsi jamais un grand peuple ne pourra
se flatter d'être libre.

LE PHILOSOPHE.

Plus les individus obéiront passivement,
plus la masse de la nation sera libre : et
cette obéissance passive n'a rien dont le

vrai courage puisse s'indigner ; car elle consiste à plier devant la loi , et à se rele-ver devant les personnes.

EPONINE.

Je crains bien que cette faiblesse devant la loi ne soit calomniée par les perturba-teurs : qu'une multitude qui ne s'agite pas sans cesse , pour être mal , en cherchant à être mieux , ne leur paraisse conserver encore les stigmates de l'esclavage.

LE PHILOSOPHE.

Eponine , nous arrivons , sans que tu t'en doutes , à la vérité mere , sur laquel-le repose la félicité de tous les Empires. Tu te rappelles le trait simple et touchant du moineau de Xénocrate.

EPONINE.

Oui mon pere ; et avant que le tableau attachant qu'il a fait naître parlât à votre raison , il avait long-tems parlé à ma sen-sibilité.

S 3

Je crois voir ce philosophe d'Athènes,
méditant au pied d'un Cèdre sur les vérités
immortelles de la nature : tout-à-coup un
moineau, poursuivi par un épervier, vient
se réfugier sur ses genoux : je le protége-
rai, dit en lui même le Sage :

Il est faible, il a droit au cœur de Xénocrate.

LE PHILOSOPHE.

Ce mot admirable, ma fille, est la clef
de toutes les législations. Ici Xénocrate
représente la loi, et le moineau la multitude : or l'art de l'homme d'Etat est de
rendre tout le monde faible devant la loi.
Mais si vous intervertissés l'ordre éternel
de la politique sociale, si vous avez la stupidité féroce d'armer la multitude, si vous
changez en épervier l'humble moineau qui
vient vous demander un azile, il faut regarder la Patrie comme un phantôme, et
abattre l'inutile statue de Xénocrate. —

Pendant qu'Éponine et le Philosophe
discouraient ainsi sur les causes des longs
malheurs qui allaient assiéger la France,

Il est faible, il a droit au cœur de Xenocrate.

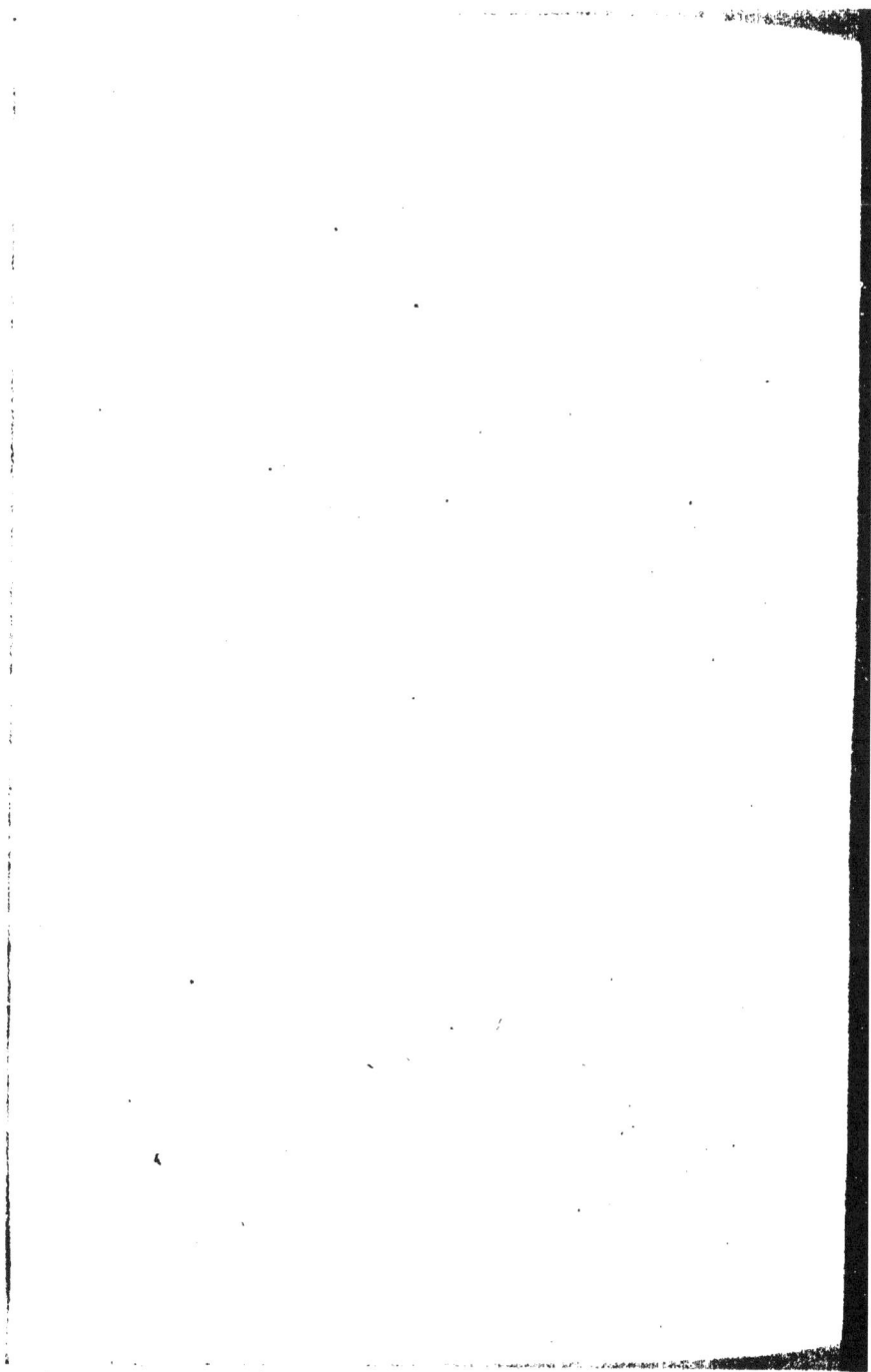

le peuple de Paris se permettait un crime
de lèze-nation d'autant plus effrayant ,
qu'il semblait consacré par l'aveu du moins
tacite de l'Assemblée Nationale ; je veux
parler de la rigueur de la détention du Monarque dans son Palais des Thuileries.
Un décret des législateurs avait statué sur
la mesure de l'éloignement du Prince , pendant le cours de ses sessions; et ce décret ,
comme la baguette de Papirius , avait fixé
l'espace circulaire qu'il pouvait franchir ,
à un rayon de vingt lieues. Louis seize ,
d'après cette autorisation solemnelle de
ses douze cents collègues en pouvoir , s'i-
magina qu'il pouvait sans crime s'éloigner
de deux lieues de sa Capitale , et monta
en voiture à midi , avec toute sa famille ,
pour se rendre à son Château de Saint-
Cloud : mais un peuple armé , et le blasphème à la bouche , vint l'investir dans
la cour de son Palais , et au nom de sa
suprématie , lui défendit de partir. En vain
le Maire de Paris et le commandant de la
garde nationale interposèrent ils leur autorité , pour sauver ce nouveau crime à la
révolution ; le Roi fut obligé de retourner

S 4

tristement dans sa prison , se contentant
de dire avec amertume , qu'après avoir
rendu libres tous ses sujets , il était bien
étonnant que seul dans ses États il fut esclave.

Cette infraction de toutes les loix des Monarchies avait amené l'esclavage raisonné
du Monarque : elle amena ensuite, par
contre-coup , ce qu'on a appellé dans la
langue de ses oppresseurs , le crime de son
évasion.

Louis XVI , qui , jusqu'à ce moment ,
avait pardonné à une Constitution née au
milieu des orages , de s'être défiée de sa
probité , en l'enchaînant , son sceptre à
la main , au pied du trône législatif ,
n'eut pas la force d'attendre encore quelque temps que les ennemis du trône , en
se déchirant eux-mêmes , se fissent justice.
Il résolut de se dérober à ses geoliers , et
d'aller dans une forteresse des frontières ,
dont il serait maître , négocier avec les
régénérateurs de l'État , l'indépendance
de sa Couronne , le rappel des Princes de

son Sang et le désarmement de l'Allemagne.

Ce plan n'avait par lui-même rien d'odieux , et on l'a calomnié , en disant qu'il tendait à produire la subversion de la Convention Nationale , la guerre civile et la banqueroute.

La Convention Nationale devenait plus absolue que jamais , par l'absence du seul Pouvoir qui pouvait servir de frein à ses conquêtes. Elle avait pour elle l'influence des lumières qui l'avait organisée , le bonheur des peuples qu'elle promettait par un grand nombre de ses décrets , et la création adroite de la garde nationale , qui lui assurait l'appui de quatre millions de bayonnettes.

Il n'y aurait assurément point eu de sang répandu , pour défendre un Monarque qui , par amour de la paix , dès le commencement de la révolution , s'était détrôné lui-même , puisqu'après l'opprobre dont on l'a couvert en l'arrêtant , il n'y en a point eu pour le venger.

La banqueroute était un vain épouven-
tail pour la multitude ; car, ou le Congrés
entre les plénipotentiaires du trône et ceux
de la Convention Nationale , aurait , en
conciliant tous les intéréts , ramené la paix
générale , et alors le numéraire aurait re-
paru avec la confiance ; ou la discorde se
serait rallumée plus que jamais , et, dans
cette hypothèse , les législateurs , qui
avaient entre leur mains le fameux secret
de Midas , celui de changer tout en or ,
auraient encore , en créant de nouveaux
papiers-monnaye , ébloui le peuple par le
phantôme de l'opulence universelle.

Ajoutons qu'il ne fut jamais de l'intérêt de Louis XVI , de faire un pacte avec
les ennemis-nés de la France , pour rentrer à main armée dans l'héritage de ses
peres, de renoncer , par cette dernière ressource du désespoir , à l'estime de vingt
millions d'hommes qu'il possédait encore,
et d'achever , en quittant tout-à-fait ses
Etats , d'abdiquer sa Couronne.

Le plan de secouer ses chaînes , pour

travailler à la restauration de l'État, avec
toute l'énergie de la toute-puissance, n'a-
vait donc rien en lui même, dont la saine
politique put s'indigner ; mais le peu de
dignité, qui fut mise dans son exécution
clandestine, jetta autour de lui un nuage
de défaveur, qui ôta tout le prix de l'idée
primordiale.

Il me semble qu'une Reine d'un grand
Empire, ne devait point quitter, au milieu des ténèbres, son Palais en criminelle, empruntant le nom inconnu d'une ba-
ronne de Cork, et ayant auprès d'elle le
maître de vingt-cinq millions d'hommes,
déguisé en valet de chambre. Une pareille
évasion est plus digne du Roi sans couronne, Théodore de Neuhoff, que de la
fille de Marie-Thérèse et de l'héritier du
trône de Charlemagne.

Il fallait que le jour même de l'attentat
populaire qui arrêta le voyage de Saint-
Cloud, Louis XVI se présentât à l'Assemblée Nationale avec le Prince Royal, ses
Ministres, et un cortége nombreux d'an-

cienne Noblesse , et qu'il eut le courage
d'y prononcer , du fonds d'un cœur ému ,
le discours mâle et ferme que je vais trans-
crire , d'après les papiers du Philosophe.

« J'étais votre maître, avant que les mal-
» heurs de la France , que je n'ai point
» faits , vous apprissent à devenir le mien.

» Les soixante Monarques qui m'ont
» précédé , ont pu , je le sçais , porter at-
» teinte à la Souveraineté de la nation :
» c'est ce qu'ont fait les Princes dans tous
» les ages, quand les États , ignorant leurs
» droits , ont eu la faiblesse de se mettre
» en tutéle ; mais enfin je suis l'héritier
» de ces soixante Monarques ; loin d'avoir
» usurpé sur mes peuples , je leur ai fait
» l'abandon volontaire des plus beaux pri-
» viléges de ma Couronne : je ne me suis
» réservé que le droit de concourir à une
» législation bienfaisante qui doit les régé-
» nérer, et la perspective touchante d'être
» heureux de leur félicité.

» S'il existe un Contrat primitif entre

» les Rois et les nations, celui de la Fran-
» ce, avec le descendant de ses premiers
» Souverains , n'a pu être rompu par la
» générosité et l'étendue de mes sacrifices.

» Si vous représentés une grande nation ,
» que plusieurs siècles de despotisme ont
» dégradée, moi je represente ces conqué-
» rants de la première race , qui ont sub-
» jugué les Gaules : ce Charlemagne , qui
» par son Code a élevé les Français à la
» hauteur de son génie : ce magnanime
» Henry qui pouvant vous régir avec son
» épée, a mieux aimé vous gouverner avec
» son cœur : ce Louis XIV , dont l'orgueil
» même a contribué à vous rendre aux
» yeux de l'Europe, le sentiment de votre
» dignité , et qui peut être a expié le cri-
» me de ses guerres , en vous donnant un
» siècle de lumières.

» Je vous ai appellés , pour examiner
» avec moi notre Pacte primitif , pour en
» modifier les clauses , pour unir si inti-
» mement l'État et le trône , que vous
» pussiés vous honorer un jour de mon

» dévouement à la volonté générale , et
» moi m'enorgueillir de votre indépen-
» dance.

» Voyons maintenant , avec l'esprit de
» concorde et de paix , si parmi les choses
» mémorables que vous avés faites , pour
» imprimer au nom Français un grand ca-
» ractére , il ne vous est rien échappé , dont
» la postérité rougisse un jour pour vous :
» rien dont les Puissances étrangères , liées
» d'intérêt avec ma Maison , ayent droit
» d'accuser votre injustice envers moi ,
» ou du moins votre ingratitude.

» Vous étiés dans l'origine , des États-
» Généraux , instruments serviles des Rois
» mes prédécesseurs , quand ils avaient
» quelqu'énergie. Il vous a plu de conqué-
» rir , les armes à la main , le titre d'As-
» semblée Nationale , afin d'avoir un pré-
» texte , à l'ombre de cette vague déno-
» mination , d'asservir votre Monarque ,
» dont ve commenciés la longue mino-
» rité ; et maintenant qu'il ne paraît res-
» pirer que par votre bienfait , vous aspirés

» au nom de Convention Nationale , pour
» avoir le droit d'asservir la nation même,
» et de lui ôter le pouvoir de reviser votre
» législation.

» J'ai été allarmé un moment , je dois
» l'avouer , du progrès de vos premières
» conquêtes : la voix de l'honneur sem-
» blait alors me prescrire impérieusement ,
» de transmettre à mon fils la Couronne
» de mes Peres dans toute son intégrité :
» ainsi j'eus la faiblesse de consentir qu'on
» appellât une armée autour de ma Capi-
» tale , non pour la foudroyer , ce qui eut
» été le dernier période de la démence et
» de la férocité , mais pour la rappeller ,
» par l'appareil menaçant de la force pu-
» blique , à l'ordre antique et aux maxi-
» mes de son gouvernement.

» Mais si on a surpris mon équité et ma
» religion , en m'arrachant un acte oppres-
» seur , contre lequel tout le reste de ma
» vie dépose , n'est-ce pas l'audace de vos
» principes qui semblait avoir provoqué
» ma résistance ? votre conquête du titre

» d'Assemblée Nationale, sans mon aveu,
» et sans l'ordre de vos mandataires, a
» été le premier acte d'hostilité entre
» nous : j'ai cru y voir non le partage,
» mais l'exercice exclusif de la Souverai-
» neté ; et, mon Contrat primitif à la
» main, je me suis mis en défense.

» Quoiqu il en soit, la voix publique a
» décidé entre vous et moi. Le patriotis-
» me, en corrompant mon armée, lui a
» fait un devoir sacré de me désobéir ; les
» tours de la Bastille en s'écroulant, ont
» entouré mon trône de leurs décombres :
» alors j'ai vù que l'État était mûr pour
» un nouvel ordre de choses ; j'ai plié,
» et pour la première fois en France, la
» Majesté Royale a cédé à la majesté de
» la nation.

» L'expiation de mon erreur a été aussi
» solemnelle que l'erreur même. J'ai dis-
» gracié un Ministère prévaricateur, j'ai
» renvoyé aux frontières des troupes sus-
» pectes ; je suis venu moi-même, avec
» toute la loyauté de l'antique Chevalerie,

mes

» me mettre sous la sauve-garde de mes
» vainqueurs ; et , bravant l'avenir le plus
» sinistre , je me suis laissé traîner en
» triomphe , dans les murs d'une Capitale,
» qui s'énorgueillissait du massacre de
» mes officiers , et de la chute de mes for-
» teresses.

» Paris et la France entière crurent en
» ce moment à la franchise de mon re-
» tour ; vous-même , dans le décret qui
» suivit la cessation des troubles , vous
» déclarâtes , que je venais d'acquérir
» plus que jamais des droits à la confiance
» de mes peuples. Un mois après , votre
» enthousiasme pour moi prit encore un
» nouvel essor ; car , lorsque le Clergé et
» la Noblesse me prouvèrent leur amour
» pour le trône , par leurs sacrifices pour
» la Patrie , vous me proclamâtes , à la
» face de l'Europe entière , restaurateur
» de la liberté Française.

» Si depuis , je n'ai jamais varié dans les
» principes que je tenais de vous mêmes ,
» pourquoi l'Etat , que vous gouvernés ,

» a-t il cessé d'être un avec le trône ?
» pourquoi m'a-t on toujours regardé com-
» me un ennemi qu'il fallait humilier, et
» comme l'usurpateur d'un pouvoir qu'il
» fallait abbattre ?

» Je n'avais de rapport avec vous, que
» comme un Roi abandonné de ses sujets,
» qui vient capituler avec la force qui l'a
» détrôné, ou comme un pere tendre,
» qui vient consulter ses fils ainés, pour
» rétablir la concorde et la prospérité au
» sein de sa famille.

« Si j'ai capitulé avec vous sur la brè-
» che du trône, il fallait me traiter avec
» tous les honneurs de la guerre qui m'é-
» taient promis : il fallait respecter le mal-
» heur d'un Souverain, qui n'était cou-
» pable que de se voir issu de soixante
» despotes.

» Si j'étais alors un pere sensible, qui,
» pour épargner le sang, venait confier sa
» destinée aux ainés de sa famille, il fal-
» lait discuter paisiblement avec moi la

» nature du Contrat paternel , le modifier
» dans les articles qui compromettaient la
» liberté générale , attacher le faisceau
» des loix avec le lien des mœurs , et épu-
» rer ainsi la rigueur de l'empire par le
» charme de l'obéissance.

» Sous quelque point de vue qu'on en-
» visage cette révolution, on, une justice
» sévère vous imposait le devoir de négo-
» cier avec moi , la conciliation des droits
» imprescriptibles d'un grand peuple avec
» les privilèges de la Couronne ; ou si
» combatre au milieu des ruines était vo-
» tre élément, la politique vous comman-
» dait encore d'être généreux envers votre
» Monarque , puisque c'était l'unique
» moyen d'expier aux yeux des lumières
» le crime de votre victoire.

» Maintenant, voyez les amertumes dont
» on sème ma vie, depuis plus de vingt
» mois , la gradation raffinée qu'on met
» dans le dépouillement de ma Couronne,
» les crimes qu'on me prête , les oppro-
» bres dont on me couvre ; voyez , dis-je

» un spectacle aussi terrible , et jugez vous?

» Je ne vous entretiendrai pas des libel-
» les , que la licence effrenée de la presse
» multiplie chaque jour contre moi. J'ai
» mis , en les lisant , la main sur mon
» cœur , et sùr de mon innocence , j'ai
» dit avec Théodose , à la vûe de ses sta-
» tues qu'on mutilait , JE NE SUIS POINT
» BLESSÉ.

» Mais par quel délire de férocité , a-t-on
» laissé circuler dans ma Capitale , et jus-
» qu'au sein de ma Cour , des écrits du
» Cynisme le plus ténébreux , où me dé-
» chirant dans l'endroit le plus sensible ,
» sous prétexte de quelques traits de fri-
» volité , on peint la sage compagne de
» mes peines , comme l'héritière des Mes-
» saline et des Frédégonde ; où , parceque
» l'or de l'État s'est égaré quelquefois
» dans les mains des Favorites , on l'accuse
» de l'avoir livré aux ennemis de la Fran-
» ce ? votre silence coupable sur ces ab-
» surdes calomnies a fait croire qu'il im]
» portait à la liberté publique , que mon

» cœur entouré de soupçons , se défiât de
» la femme à grand caractère , qui vous a
» donné un héritier de ma Couronne.

» Avant que, par amour pour mes sujets,
» je vous eusse donné une existence lé-
» gale , j'étais en France l'unique législa-
» teur ; maintenant que ce titre formida-
» ble vous est confié , c'est moins en
» faveur de la nation , que contre moi
» que vous faites des loix ; vous avez
» anéanti une Noblesse qui relevait mon
» trône aux yeux des étrangers , et un
» Clergé qui le rendait sacré à la religion
» de la multitude ; vous avez concentré
» en vous seuls tout l'exercice d'une Sou-
» veraineté , dont un titre de douze cents
» ans m'assurait du moins le partage; vous
» m'avez ravi jusqu'au droit de faire
» grace ; droit sans lequel , dans des tems
» de troubles , une justice sévère n'est
» qu'une grande iniquité ; vous avez vou-
» lu que , quand des factieux puis-
» sants viendraient renverser votre ou-
» vrage , je ne combatisse contre eux ,
» que comme le Satan de Milton ,

T 3

» avec mon impuissance. et ma nullité.

» Quelle est cette Constitution , monu-
» ment informe de lumières et de déraison,
» que vous avez enfantée sans ensemble ,
» et que vous me faites sanctionner de
» même ? est ce qu'un Code ne tire pas
» toute sa force de son unité ? qui nous
» dit , que la sagesse de telle loi isolée ne
» fera pas injure à la raison de celles qui
» doivent la suivre ? vous n'avez pas le
» pouvoir de faire adopter à la France sa
» Constitution , si ce n'est en masse ; et
» moi même je ne me dérobe au crime de
» cette sanction partielle que par son inva-
» lidité.

» D'ailleurs , en vertu de quel droit , si
» ce n'est de celui de conquête , m'avez
» vous interdit la faculté de discuter avec
» vous une Constitution , dont je suis
» une partie aussi intégrante et aussi essen-
» tielle ? quoi ! je pourrai modifier , où
» même rejetter , des institutions qui ne
» me présentent qu'un vague intérêt , et
» il me sera défendu d'examiner le Pacte

» nouveau qui me lie avec vous , le Pacte
» par lequel mon peuple est mon peuple ,
» et en vertu duquel je suis Roi !

» Avez vous l'orgueil de croire avoir
» donné à votre Code une perfection et
» une stabilité , que n'eurent point ceux
» des Lycurgue, des Numa et des Zoro-
» tre ? alors vous ne devez exiger de la
» nation et de moi , que cette foi aveugle ,
» que les cultes revélés commandent à la
» crédulité. Avez vous le bon esprit de
» supposer vos institutions sujettes à l'er-
» reur , comme l'entendement humain
» qui les a dictées? alors un examen sé-
» vère de ma part est plus utile à l'État ,
» que ma sanction. Sous quelque point de
» vue que le problème politique soit envi-
» sagé , mon acceptation pure et simple
» d'une Constitution qui est à peine com-
» mencée , est ou une dérision , ou une
» injure à la raison de mes peuples.

» Cependant on est parti du grand prin-
» cipe , que le descendant de soixante
» Souverains absolus n'etait pas le maître

T 4

» de refuser son acceptation pure et simple
» à un Code dirigé contre lui et qu'il ne
» connaissait pas. Une nuit horrible, et
» qui devrait à jamais être effacée de vos
» annales, des brigands sont venus, la rage
» dans le cœur, et le blasphème à la
» bouche, m'investir dans mon Palais,
» égorger mes Gardes, présenter mille
» morts à la mere auguste du Prince des-
» tiné à régner sur vous, et me traîner
» avec opprobre, comme un tyran vaincu et
„ détrôné, au milieu de l'enceinte de ma
„ Capitale.

» Un attentat plus grand encore a cou-
» ronné cette nuit désastreuse : vingt mois
» se sont écoulés, et je ne suis pas vengé.

« Dans le silence des loix et de leurs dé-
» positaires, on a craint que je ne rendis-
» se quelqu'énergie à un sceptre qu'on
» tenait avec moi, courbé vers la fange,
» et mes vainqueurs sont devenus mes
» geoliers, dans ma nouvelle prison des
» Thuileries.

» Cependant cette garde nationale , qui
» surveillait toutes mes démarches , pou-
» vait encore être considérée comme une
» garde d'honneur ; aussi je me suis con-
» solé long-tems avec ce phantôme de
» liberté ; toute faible , toute délabrée
» qu'elle s'offrait , c'était une espèce de
» planche après mon naufrage.

» Cette derniere ressource de mon ima-
» gination bienfaisante vient de nouveau
» de m'être enlevée ; ce matin même , une
» populace immense , que la garde natio-
» nale n'a pu , où peut être n'a pas voulu
» reprimer , est venue me signifier , avec
» toute la dureté de l'audace impunie ,
» que je n'étais pas libre d'aller respirer ,
» avec ma famille , à deux lieues du théa-
» tre de vos Sessions ; j'ai résisté trois heu-
» res , pour sauver ce dernier crime à la
» révolution ; mais la force de l'anarchie
» l'a emporté sur la force des loix , et je
» viens de reprendre mes fers.

» Des fers , au Monarque par qui seul
» dans ses États tout le monde est libre !

» non , c'est trop m'avilir ; c'est trop faire
» injure à ces millions de citoyens ver-
» tueux , à qui je suis encore cher. Je bri-
» serai , n'en doutez point , les portes de
» la prison où vous me détenez ; je n'ai
» besoin d'aucun secours : mon nom ,
» mes droits , et j'ose le dire , ma vertu ,
» quand je le voudrai , me vaudront une
» armée. Libre enfin , j'irai vivifier de ma
» présence des provinces dans le désespoir,
» qui implorent mon appui ; j'irai , si le
» salut de la Patrie l'exige , jusqu'aux fron-
» tières de mes États , négocier en Sou-
» verain avec les Rois suspects , qui sous
» prétexte de me défendre , tenteraient de
» démembrer ma Monarchie.

» Et ne calomniez pas cette médiation,
» en disant qu'elle appelle en France les
» Puissances étrangères ; je déclare solem-
» nellement que je regarde comme un
» crime , de faire intervenir les Rois
» dans ma querelle ; et si malgré moi ils
» s'armaient pour ma cause , c'est à la tête
» de l'armée même , avec laquelle vous
» assiégerez mon trône , que je me met-
» trai pour les repousser.

» Mon éloignement momentané de cette
» ville, devenue le foyer de toutes les dis-
» cordes et de tous les crimes , aménera
» encore moins la guerre civile : je ne veux
» avoir d'armée que contre les perturba-
» teurs , et non contre des citoyens ; et si ,
» par une fatalité que je ne pourrais vain-
» cre , mes peuples se trouvaient forcés à
» s'entredéchirer pour ma querelle , j'i-
» miterais ce sage Roi d'Égypte Sabbacon,
» qui, invité par un oracle à un massacre
» de prêtres , crut que le ciel lui défendait
» de régner ; j'abdiquerais ma Couronne.

Le Philosophe était persuadé qu'une
pareille harangue était un vrai manifeste
contre les perturbateurs ; et que l'effet in-
dubitable de ce manifeste , aurait été de
rallier tout les bons citoyens des deux partis , sous les drapeaux réunis de la Patrie et
de la Couronne.

Au lieu de cette démarche vigoureuse ,
Louis XVI , rrompé par une intrigue de
Cour , quitta son Palais en fugitif , avec
les anxiétés d'un coupable qui aurait des

remords ; et comme les fautes des Rois appellent les crimes des sujets , l'infortuné
Monarque se vit arrêté sur le pont de Va-
rennes , par des hommes qui mirent le
patriotisme à outrager leur Souverain , par
des hommes que des décrets des législateurs ont récompensés , et dont les noms
n'en arriveront pas moins couverts d'opprobre , auprès des Sages qui se charge-
ront d'en crayonner l'histoire.

Depuis cette époque , si flétrissante pour
l'honneur Français , la Convention Nationale se laissa maîtriser par les évènements ;
elle souffrit que Louis XVI fut traîné de
ville en ville , au milieu des imprécations
d'une multitude qui se croyait libre , parceque rien ne refrenait sa férocité ; elle vit
de sang-froid le nom de ce Prince , n'a-
gueres l'idole de ses peuples , arraché de
tous les monuments de la Capitale , et
n'avoir plus d'azile que le cœur de quelques Sages ; et consacrant par ses décrets
le plus coupable des interrègnes , elle
s'attribua la plus impérieuse des Régences ,
pendant que le Monarque resserré plus

que jamais dans sa prison , n'avait pas
même le pouvoir d'abdiquer sa Couronne.

Enfin cette Convention Nationale , après
avoir achevé son Code , et en avoir interdit , pendant long-tems , la revision à la
nation qu'il allait enchaîner , se démit de
la toute-puissance , et alla mourir obscurément , comme le Rhin au milieu des sa-
bles , en tentant, par un décret sans pudeur ,
de couvrir de gloire le serment petit et indiscret du jeu de paume.

CHAPITRE XLII.

JUGEMENT

D'UN CRIME DE LÈZE-NATION.

ENTRAINÉ par la série des idées , qui contrarie souvent celle faits , j'ai conduit la Convention Nationale de France , depuis l'époque la plus brillante de son règne, jusqu'à sa mort : mais Eponine , libre, enfin, quoique plus infortunée que jamais , vient en soupirant m'avertir des erreurs de ma chronologie.

Je ne résisterai ni à la vérité ni à Eponine. Il est certain que lorsque le Comité des Recherches de Paris se détermina , à faire juger les prétendus crimes de lèzenation du chevalier de Villeneuve et du Philosophe du Péloponèse , la Convention Nationale vivait encore , et que même ses orateurs , dans leurs harangues , la berçaient de l'idée de son immortqlité.

Pendant que l'encens brulait ainsi au milieu du temple de la liberté , le chef des douze cents immortels , le comte de Mira-beau , expirait. Le délire de la douleur publique fut porté à son comble. On obli-gea le Roi , à envoyer une partie de sa Mai-son à la pompe funèbre du Républicain qui l'avait à moitié détrôné ; et les Saints de la religion nationale , chassés de leurs Basiliques , virent la cendre de l'ennemi de tous les cultes profaner leurs sanc-tuaires.

Le Comité des Recherches voulut aussi payer son tribut à la mémoire du grand homme. Il observa , avec autant d'érudi-tion que de discernement , qu'à la mort de certains Princes Nègres , on enterrait dans le Caveau Royal leur or , leurs maîtresses et leurs esclaves ; et plein d'estime pour les Solons Africains qui avaient introduit cet usage , il se proposa d'immoler sur la tombe de Mirabeau les deux plus dange-reux ennemis de la liberté Française , l'amant de la tendre Eponine et le Philosophe.

L'amant d'Eponine comparut le premier devant le tribunal de lèze-nation, et prévint par ce discours noble et fier, le danger d'un interrogatoire.

» Tant qu'un Comité des Recherches
» m'a parlé en maître, j'ai mis l'orgueil
» de la vertu à l'humilier. Caché à ses
» yeux sous le nom vil d'un esclave, je
» lui ai fait connaître, par le calme de
» mon attitude et le poids accablant de
» mon silence, que cet esclave même va-
» lait mieux que de farouches inquisiteurs
» d'Etat, qui ne se faisaient les prêtres de
» la liberté, que pour immoler des victi-
» mes humaines par hécatombes.

» Maintenant que je comparais devant
» des juges, avoués à la fois de la France
» et de la raison, je dois leur ouvrir mon
» ame toute entière, et m'énoncer avec
» une mâle franchise, faite pour honorer
» encore moins l'accusé qui l'employe,
» que le magistrat qui l'encourage.

Chevalier

» Chevalier de Malthe , et allié par ma
» naissance à un Ambassadeur, j'ai été
» long-temps esclave d'un Amiral d'Alger,
» qui m'avait fait prisonnier , dans une de
» mes Caravanes. L'Empereur Joseph a
» payé ma rançon devant Belgrade , et je
» suis venu jouir des bienfaits de ce Prin-
» ce , dans une Patrie , qui, en devenant le
» tombeau de toutes les tyrannies , pro-
» mettait d'être le berceau des grands
» hommes.

» Arrivé à Versailles, à l'époque désastreu-
» se de la nuit des régicides, le rideau de théâ-
» tre, qui me cachait le vrai point de vue
» de la révolution , s'est déroulé devant
» moi. J'ai vû que la plus sublime des in-
» surrections allait sans cesse en se dégra-
» dant , à cause des mains impures qui la
» servaient : j'ai reconnu qu'en mettant
» des scélérats en présence avec des op-
» presseurs, on exposait l'histoire à ne pas
» distinguer la cause de la tyrannie de
» celle des lumières.

» Je traversais plein d'effroy les cours

Tome III.   V

,, ensanglantées de ce Château de Versail-
,, les , où le régicide seul était Roi , lors-
,, qu'un tigre à figure humaine se présen-
,, ta sur mon passage , en agitant avec des
,, cris de Cannibales , une tête mutilée ,
,, qu'il portait sur une pique : voilà , dit-il,
,, le sort qui attend les traitres ; j'ai tué
,, ce Garde insolent , et la Reine qu'il proté-
,, geait ne périra que de ma main. En même
,, temps le monstre abaisse la tête san-
,, glante qui lui servait de trophée , et
,, veut me la faire baiser : l'horreur avait
,, d'abord enchaîné mes sens : mais lors-
,, que la tête atteignit mes lèvres glacées,
,, je fus rendu à toute l'énergie de la fu-
,, reur ; alors tirant une épée nue , que
,, je tenais cachée sous mon manteau ,
,, j'en perçai l'effroyable assassin , qui
,, alla expirer à quelques pas de moi , le
,, blasphéme à la bouche , et regrettant
,, que la tête qu'il déchirait encore , mal-
,, gré son impuissance , ne fut pas celle
,, de sa Souveraine.

,, Une multitude de Bachantes suivait
,, ce régicide , et le voyant tomber , elles

» m'entourèrent , menaçant de me déchi-
» rer. Je ne crus pas devoir me servir de
» mon épée contre des femmes, et je la
» jettai à leurs pieds avec quelqu'assuran-
» ce. Ce trait , joint à l'idée de l'affront
» que j'avais reçu , et peut-être à ma jeu-
» nesse , émut une de mes farouches en-
» nemies , qui m'arrachant à la fureur de
» ses compagnes, obtint d'elles ma grace.
» On appellait de ce nom , l'opprobre
» d'être livré chargé de fers au Comité des
» Recherches.

» Tel est le fait, pour lequel je languis
» depuis tant de mois , dans les angoisses
» d'une procédure criminelle. La loi qui
» protégeait les jours de ma Souveraine ;
» de la sœur du plus auguste de mes bien-
» faiteurs , était anéantie : j'ai eu le cou-
» rage de me constituer moi-même la loi
» vivante d'un peuple qui périssait dans
» l'anarchie : j'ai prononcé dans mon
» cœur la sentence du scélérat , et ma
» main l'a exécutée.

» Je ne me dissimule point tout ce que

„ le vulgaire peut trouver d'irrégulier dans
„ cet acte mémorable de justice : mais
„ pour me juger sainement , il faudrait
„ se transporter hors du monde social.
„ L'Etat à cette époque était dissous , et
„ tout pour le relever devenait légitime.
„ Ma main , quelqu'ensanglantée qu'elle
„ soit , est donc aussi pure que celle des
„ Brutus et des Timoléon : et si , lorsque
„ la Patrie veille , le citoyen ne peut frap-
„ per personne sans son aveu , il peut
„ quelquefois , quand elle dort , s'hono-
„ rer d'un assassinat , comme d'un acte
„ de vertu.

„ D'ailleurs , avant de décider si je suis
„ le meurtrier d'un citoyen , ou le ven-
„ geur des Rois, il faudrait faire le procès
„ à la cendre de l'homme de sang , dont
„ j'ai purgé la société. Quoi ! je l'accuse
„ avec la France entière , d'avoir outra-
„ gé la Patrie , et les tribunaux de lèse-
„ nation garderaient le silence ! on me
„ punirait d'avoir conspiré contre un scé-
„ lérat obscur , et on se tairait sur une
„ conspiration contre le chef de l'Etat ,

„ qui flétrira à jamais le nom Français
„ dans la mémoire des hommes !

„ Ma vie est dans la main de mes juges,
„ et je regrette peu ce bien, dont de longs
„ malheurs m'ont commandé depuis long-
„ temps le sacrifice : mais je déclare que
„ la violence seule peut me l'arracher.
„ Aucun pouvoir légal n'a le droit de pro-
„ noncer sur mon sort, avant qu'on ait
„ éclairé la vie abominable de ma victi-
„ me ; aucun tribunal ne peut ordonner
„ mon supplice, tant qu'un voile odieux
„ est étendu sur la nuit des régicides.

Ce discours fut prononcé en public,
suivant les usages du nouveau Code Cri-
minel ; mais il ne produisit aucun effet,
parceque la salle d'audience était pleine
de perturbateurs, qui ne marchaient à la
liberté qu'à travers les Tables de Proscription et les supplices. Cependant, au milieu
des murmures et des imprécations de cette
horde de spectateurs, un battement de
mains, effet de l'émotion d'une ame vertueuse se fit entendre. Cet applaudisse-

ment , qui faisait le procès à la férocité du peuple , venait de la sensible Zima. La jeune étrangère s'apperçut bientôt , par les huées dont on l'accueillit , qu'elle n'é-tait pas parmi des hommes , et elle se hâta de sortir , craignant bien moins pour elle que pour l'accusé , les suites de son cou-rage.

Les allarmes de Zima avaient un autre fondement encore que la sensibilité d'une amante. Le Comité des Recherches , à qui il importait , pour exister , qu'il n'y eut dans les prisons d'Etat que des coupables , avait trouvé des rapports d'écriture entre le nom d'Eponine , gravé par le chevalier dans l'angle d'une muraille , et la lettre au Philosophe intercéptée aux frontières; et comme cette lettre paraissait évidemment aux inquisiteurs un complot contre la Pa-trie , il en résultait au premier abord que l'accusé avait voulu tromper ses juges , en déguisant ce corps de délit dans son apolo-gie.

Le Châtelet n'avait rien de l'ame atroce

des faux patriotes : il cherchait dans un procès non des crimes, mais des lumières ; déjà ému par le ton noble et fier du Chevalier, il lui fit présenter la lettre suspecte, afin de lui donner l'occasion de ne laisser subsister aucun nuage sur son innocence.

Le chevalier, à la vue de cette lettre fatale, qu'il n'avait pu soupçonner entre les mains de ses ennemis, mais dont il n'hésita pas à reconnaître l'écriture, changea de visage, jetta des regards inquiets sur ses juges ; et les farouches perturbateurs qui maitrisaient l'assemblée, conclurent de ce trouble qu'il s'avouait digne du supplice.

Le tribunal plus étonné encore que le peuple des faux patriotes, suspendit la lecture de la lettre, jusqu'à ce que l'accusé fut confronté avec le Philosophe.

Ce dernier parut quelques minutes après, accompagné d'Eponine. Le Sage, qui ne craignait que pour lui, avait la tête élevée, et offrait dans ses regards, cette

V. 4

sérénité touchante , qui accuse la férocité
d'une populace , avide de spectacles d'é-
chaffaut : mais la jeune Grecque , qui
craignait pour un pere , le front éteint et
les yeux baissés , semblait une· victime
qu'on trainait au supplice.

Le chevalier, de son côté, interdit des
murmures odieux des spectateurs , agité
par l'idée des résultats sinistres qu'on pouvait tirer de sa lettre , restait plongé dans
une réverie profonde , qui , aux yeux de
l'homme qui empoisonne tout , tenait de
l'inquiétude du remord.

Les deux personnages furent tirés à la
fois de leur léthargie, par la voix d'un des
juges qui les appella par leur noms , en
commençant à lire la procédure.

Au même instant , tous deux , comme
de concert , le·érent leurs yeux appésan-
tis , se cherchèrent , se reconnurent et
jettèrent un cri de surprise , que les perturbateurs prirent pour l'effet de l'intelligence du crime , tandis que le Sage , plus

fait aux émotions de la nature, n'y voyait que l'effet de l'intelligence de l'amour.

Lorsque les flots populaires commencèrent à s'appaiser, on fit la lecture de cette lettre, qui semblait renfermer le sort de tous les accusés, de cette lettre, dont l'ouverture contrariée par tant d'évènemens, avait fait palpiter si long-temps le sein d'Eponine.

„ Libre enfin, puisque j'ai secoué tou-
„ tes les chaînes, excepté celles de mon
„ cœur, je dois au Sage qui, par sa raison
„ supérieure, a sçu maîtriser mon enten-
„ dement, à l'être bienfaisant, par qui
„ seul je puis être heureux, ma première
„ pensée et mon premier hommage.

„ Me voici au milieu de la Capitale,
„ non de la France, mais de l'Europe en-
„ tière : dans les murs de cette ville à pa-
„ radoxes, qui, Sybaris le matin, et
„ Rome le soir, se permet d'appeler des
„ loix, quand elle n'a plus de mœurs,
„ voilant ainsi, par quelques actes de vi-

,, gueur , la pente rapide qui l'entraîne
» vers sa longue décrépitude.

» On représente ici une pièce dramatique,
» bien étonnante pour un théâtre , qui ,
» depuis tant de siècles , a consacré tou-
» tes les erreurs et toutes les démences du
» despotisme : c'est le DÉTRÔNEMENT DES
» ROIS DE L'EUROPE. La nation entière
» semble y avoir pris un rôle. Le premier
» acte, joué avant mon arrivée , est subli-
» me ; je le regarde , avec tous les gens
» de l'art , comme un des chefs-d'œuvres
» de l'esprit humain. Le second , qu'on
» commence sous mes yeux , est bien peu
» digne d'une si belle ouverture ; si l'in-
» térêt ne se réléve pas , je ne crois pas
» que cette tragédie nationale arrive jus-
» qu'à son dénouement.

» Une raison supérieure avait , dans l'o-
» rigine , tracé le plan de cette grande
» machine dramatique. Des poëtes vulgai-
» res sont venus ; ils ont mêlé leurs con-
» ceptions petites et faibles à l'ouvrage
» du génie ; et le puissant effet que devait

» résulter de l'architecture générale de la
» pièce, a été manqué.

» Sçavez-vous comment les nouveaux
» ordonnateurs ont disposé la contexture
» de leur fable dramatique ? ils ont avili
» leur premier personnage, sur lequel,
» malgré eux cependant, roule encore
» tout l'intérêt ; ils s'apprêtent à le détrô-
» ner, sans motif ainsi que sans intelli-
» gence ; en même temps, pour couvrir
» leur intrigue d'un voile impénétrable,
» ils en changent tous les fils; et tous les
» premiers acteurs, cachés derrière la toi-
» le, laisseront jouer leurs rôles à des scé-
» lérats tirés de la fange, à des esclaves
» sans génie, et à des femmes.

» C'est demain six octobre que le dé-
» trônement principal doit s'exécuter :
» cependant la pièce n'est encore qu'à la
» première scène de son second acte ; et
» les intérêts variés de tous les Souverains
» de l'Europe, qui vont paraitre successi-
» vement sur la scène, pourraient bien
» intervertir l'ordre du plan actuel,

» et nous amener une autre catastrophe.

» L'effroi de la plus saine partie des
» spectateurs est à son comble : car on
» parle de s'essayer à la chute du trône ,
» par l'assassinat de la Reine. Je monterai
» moi-même demain sur le théâtre , pour
» voir ce que deviendront les mœurs d'un
» peuple naturellement sensible et bon ,
» qu'on veut apprivoiser avec des specta-
» cles , où le seul génie qui respire , est
» celui de l'atrocité.

» Cachez avec soin cette épisode de la
» plus sanglante des tragédies , au Prince
» auguste qui m'a rendu libre , et qui as-
» sure mon existence par ses bienfaits. La
» foudre aura respecté ou frappé sa sœur ,
» avant qu'il ait pu être instruit de la nais-
» sance de l'orage. Ne contristons pas d'a-
» vance sa grande ame ; qu'il n'en con-
» naisse la blessure , qu'au moment où tou-
» tes les loix lui ordonneront de la venger.

» Au reste , un secret pressentiment m'an-
» nonce que la scène qui va s'ouvrir ne

» sera point ainsi ensanglantée. L'héroïne,
» dont on menace la tête, a un grand ca-
» ractére ; elle jouera non le rôle qu'on
» lui prête dans la tragédie , mais celui
» que son génie lui inspirera : ce qui peut
,, influer , de la manière la moins prévue,
,, sur la destinée de la pièce et sur celle
,, des personnages.

,, Je ne puis comparer à cette héroïne,
,, qu'un autre prodige de son sexe : une
,, femme née avec toutes les graces d'As-
,, pasie , pour ne point s'en appercevoir ,
,, peut-être avec le germe des passions
,, brulantes de Sapho , pour ne jamais su-
,, bir leur empire : une femme , dont la
,, tête supérieure s'ouvre à toutes les
,, combinaisons de la politique , qui don-
,, nait à l'Empereur Joseph des conseils
,, sur l'art de régner , et qui en aurait
,, donné à une République sur l'art de dé-
,, trôner les Rois.

,, C'est à cette femme céleste , c'est à
,, vous , de conjurer contre tous ces petits
,, tyrans , qui ne m'organisent une nou-

,, velle Patrie que pour me la faire haïr:
,, Venez, illustre rejetton des Philopé-
,, men et des Miltiade , venez jetter votre
,, ame magnanime au milieu d'un grand
,, peuple qui s'oublie : venez prouver à
,, des Lycurgue d'un jour, qu'une législa-
,, tion , qui usurpe , ne peut-être le Palla-
,, dium des propriétés ; et que l'anarchie
,, qu'amène une liberté sans base , est un
,, fléau plus terrible pour l'homme social,
,, que les longues anxiétés de la servitude.

,, Je me sens digne de combattre com-
,, me simple soldat , sous des chefs illus-
,, tres de conjurés tels que vous. Depuis
,, que j'ai été armé Chevalier au camp de
,, Belgrade , il me semble qu'une flamme
,, nouvelle de patriotisme, soit venue épu-
,, rer tout ce qui me restait de l'ame dé-
,, gradée d'un esclave : aucun sacrifice ne
,, me coute , quand il s'agit de sauver mon
,, pays , aucun danger n'est pour moi au
,, dessus de mon courage.

,, L'héroïne qui m'a armé d'une épée ;
,, pour m'ouvrir la carrière de la gloire,

,, ne doit pas douter surtout , pour qui
,, serait la dernière étincelle d'une vie
,, que je dois à sa bienfaisance : je sçau.
,, rai , quand il le faudra , mourir pour la
,, conserver à l'Europe qu'elle honore :
,, j'ai bien plus fait jusqu'ici que de mou-
,, rir : je me suis comdamné à vivre loin
,, d'elle.

Pendant la lecture entière de cette lettre , Eponine et le chevalier avaient eu
les yeux fixés l'un sur l'autre ; tous deux
avaient tenté d'étudier les gradations de
leurs sentiments dans les teintes variées de
leur visage; celui des deux cœurs qui sa-
vait le mieux se posséder , fut celui qui se
trahit d'avantage. Soit qu'Eponine , depuis
tant de mois de résistance , fut lasse de
combattre la nature , soit qu'elle ne vit
plus de danger à laisser échapper un secret
que son amant n'allait recueillir , que pour
l'ensevelir dans sa tombe , lorsque la dernière phrase de la lettre fut prononcée ;
tous les feux de l'amour étincelèrent à la
fois dans ses regards ; elle saisit en même
temps la main de son pere , qu'elle serra

avec émotion , ce qui, dans la langue des
ames neuves , était lui demander la per-
mission d'étre heureuse , et, comme le
vieillard ému laissa couler une larme de
tendresse sur le sein de sa fille , l'héroïne
qui se vit entendue , connut la première
jouissance de l'amour.

Toute cette scène touchante fut perdue
pour les cœurs de bronze , qui en étaient
les témoins. La lettre qui, parmi des hommes pervers , était susceptible d'une inter-
prétation sinistre , avait été écoutée, avec
une indignation concentrée , qui s'exhala
à la fin de la lecture en cris de fureur. Ces
mouvements de rage se communiquèrent
rapidement hors de l'enceinte du tribunal,
et, en peu de minutes, une populace immense s'amoncela autour du Châtelet , demandant en Souveraine qu'on lui livrât les
deux conjurés pour les traîner au supplice.

Si, depuis l'anéantissement de la force
publique , le peuple de Paris était accoutumé à des émeutes aussi coupables , le
sage tribunal des crimes de lèze-nation ,
                                        était

était aussi accoutumé à les braver; il fit recon-
duire sous bonne garde le chevalier dans sa
prison , pour le dérober à la rage des perturbateurs, avec le même calme que s'il n'y eut
eu dans la salle d'audience que Dieu et les accusés, et acheva d'instruire le procès du Philosophe.

Une instruction pareille n'était pas de
nature à traîner en longueur ; il s'agissait
d'un crime d'opinion , intenté devant d s
juges froids comme la loi , contre un Sage,
qui avait travaillé soixante ans à se rendre
digne d'éclairer les hommes. Les réponses à
la fois simples et lumineuses de l'accusé, dis-
sipèrent bientôt le reste des nuages, qu'avait
fait naître, soit son intimité avec l'Empereur,
soit la lettre du chevalier. Aussi le jugement
qui intervint , le déchargea de la manière la
plus honorable, de tout soupçon de délit. On
lui déclara que de ce moment il était libre, et
on l'autorisa à poursuivre devant la loi , les
hommes de sang, qui, en provoquant sa détention, avaient armé le peuple pour son supplice.

CHAPITRE XLIII.

R I V A L I T É

DES HÉROÏNES DE LA RÉPUBLIQUE.

Pendant qu'Eponine , de retour dans sa prison , qu'elle revoyait pour la dernière fois , se livrait , dans les embrassements de son pere , à tout le délire de sa sensibilité , il se préparait près d'elle un évènement singulier , qui allait remplir d'amertume les premiers plaisirs que lui promettait son indépendance.

Nous avons vû sortir Zima , vers le commencement de la séance , poursuivie par les huées insultantes d'un peuple qui avait abjuré 'humanité , et plus douloureusement encore par l'idée sinistre , que l'infortuné qu'elle aimait allait mourir. Elle conçoit tout d'un coup le projet de sauver son héros au péril de sa vie , et l'exécute. Trois

hommes affidés se déguisent , par ses ordres en gardes nationales : elle même en
prend l'uniforme , et munie d'un ordre
contrefait du marquis de la Fayette , elle
signifie avec une noble audace au concierge du Châtelet , de lui remettre son prisonnier , pour le transférer dans une autre
prison. L'ordre était en bonne forme , il
semblait motivé par les dernières fureurs
du peuple : d'ailleurs Zima , qui s'annonçait pour le neveu du héros de l'Amérique , éloignait toute espèce de soupçon
par sa jeunesse et sa touchante ingénuité.
Aussi le stratagème réussit , et le chevalier
fut livré à l'instant à son amante , qui monta avec lui dans une voiture apostée , avec
laquelle tous deux atteignirent en quelques minutes les barrières de la Capitales.

Malheureusement , dans ces temps d'o-
rage , où un zèle inquiet ne croyait dissiper les dangers , qu'en multipliant le phantôme des allarmes publiques , personne ne
pouvait quitter la ville , qui se disait la plus
libre de l'Europe , sans des formalités inquisitoriales , qu'elle n'avait jamais con-

nues , sous la tyrannie de l'ancien régime;
Zima ne s'était munie d'aucun passe-port ,
et elle se vit arrêtée à la barrière. Pour
comble de perplexité , en descendant de
voiture, elle apperçut , dans l'éloignement,
des espèces de satellites , qui faisaient effort pour l'atteindre ; mais l'amour est bien
ingénieux , quand on en a assés pour sçavoir mourir. Zima donne ordre à l'instant ,
devant tout le monde , au chevalier d'aller chercher à l'Hôtel de Ville un passe-
port , lui indique une route contraire à·
celle des satellites , éloigne sous d'autres
prétextes ses trois complices, et reste seule en otage à la barrière.

Ce n'était pas sur de vagues terreurs
que Zima se dévouait ainsi : il est certain
que peu de temps après l'évasion du chevalier , le concierge du Châtelet , ayant eu
quelques soupçons sur la validité de l'ordre qu'on venait de lui remettre , avait envoyé des gardes affidés à la poursuite de la
voiture. Lorsque ceux ci arrivèrent , leur
proie avait disparu : ils ne s'emparèrent
donc que de Zima , qui , plus fière d'avoir

délivré son héros , qu'émue du danger
qu'elle courait par sa délivrance , entra
avec sérénité dans la prison , au milieu
des cris de haine d'un peuple immense ,
qni ne semblaient pas plus l'émouvoir ,
que les railleries sanglantes des soldats
Romains ne blessaient les triomphateurs,
lorsqu'ils montaient au Capitole.

Quand la Sultane parut chez le geolier ,
le Philosophe y était avec sa fille et faisait
les apprêts de sa liberté. La clairvoyante
Eponine ne tarda pas à la reconnaître ,
malgré l'uniforme et l'audace qui la dégui-
saient ; oui , dit le pretendu guerrier , en
s'élançant dans les bras de son amie , je
suis Zima , et ce n'était pas dans une prison que je devais vous embrasser.—

Infortunée ! par quel délit...—

J'en ai fait un, Eponine, dont je m'honore:
j'ai eu le courage de me rendre digne de
vous.—

Zima , vous m'effrayés : chez un peuple
que le fanatisme de la liberté égare , il y a

plus de danger à être courageuse , que criminelle. —

Un peuple égaré demandait une tête qui nous est chère : seule , j'ai sçu tromper sa rage seule , j'ai sauvé la victime.—

Je vous admire , Zima , et je tremble. Quelle est cette victime ?—

Reconnaissez là , Eponine , aux larmes de tendresse qui brulent mon visage ; c'est l'être dont vous vous plaisiez tant à me vanter la vertu ; c'est l'esclave.—

Quoi.... Zima ,.... c'est à vous que le chevalier doit sa déliveance.... ?—

Eh ! pourquoi me le dire , de cette voix entrecoupée , qui semblerait peut-être m'en faire un reproche ? j'ai fait , Eponi-ne , ce que vous auriez fait vous même ; j'ai tenté avec mon ame , ce que vous au-riez exécuté avec votre génie : et le ciel , qui pouvait contrarier la justice , a servi l'amour.—

Vous aimez.... Zima....—

Eh ! quel autre sentiment que celui de l'amour, pouvait assés maitriser mes sens, pour me faire oublier mon sexe et mon age : pour aguerrir mon innocence au spectacle effrayant d'un échaffaut : pour jetter une colombe au milieu des vautours, dans l'unique dessein de mourir en leur arrachant leur proie ?

Oui, j'aime mon libérateur, mais je l'aime d'une manière grande ; comme aimerait Eponine, si son ame sublime ne dédaignait pas tout ce qui tient à une faiblesse. Mon héros fut un des instruments de ma délivrance, lors de mes deux naufrages ; ce grand service, en lui donnant des droits sur moi compromettait ma fierté ; aujourd'hui, en le sauvant à mon tour, je m'élève à sa hauteur, et devenue son égale, je puis mettre quelque gloire à l'aimer.

Un seul sentiment pouvait paraître pénible à mon cœur ; j'ignorais si le jeune infortuné pour lequel j'exposais ma vie, se pénétrerait de toute la grandeur de mon dévouement : mais, dans le peu de minu-

tes que i§i passées avec lui , j'ai reconnu
à l'émotion de ses sens , au feu de ses regards , qu'il eut été moins satisfait , s'il
n'avait dû la conservation de ses jours qu'à
la froide reconnaissance. —

A ces derniéres paroles de Zima , Eponine , qui , malgré son déchirement intérieur , avait paru conserver jusqu'àlors
quelqu'empire sur elle-même , pâlit tout-à-
coup : ses yeux se troublèrent ; elle chan-
cela , en balbutiant quelques mots d'éloges
que son cœur désavouait ; et , si on n'était
venu chercher la jeune Sultane de la part
du Comité des Recherches , elle aurait
tout-à-fait perdu connaissance.

Eponine , depuis ce moment , sentit
moins le prix de sa délivrance : l'entretien
qu'elle venait d'avoir avec Zima , acheva
de lui dévoiler un secret qu'elle cherchait
à se déguiser à elle même ; elle apprit
qu'elle aimait avec violence ; et il était
affreux sans doute de ne s'en voir convain-
cue , qu'au moment où elle avait une
rivale.

Une autre circonstance vint ajouter à l'idée sinistre de son abandon ; un jour qu'elle parcourait un des mille libelles périodiques , qu'enfante dans Paris l'épidémie de la liberté , elle tomba sur un billet adressé à Zima , et que les espions des Républicains avaient intercepté ; le journaliste annonçait que ce billet avait été transcrit fidèlement au dépôt du Comité des Recherches.

» Vous m'avez sauvé la vie , belle et » sensible Zima , et cette vie est à vous. » Soyez tranquille sur votre destinée ; les » farouches ennemis de toute espèce de » courage , n'outrageront pas long-tems » l'innocence et les grâces ; les murs de » votre prison s'ouvriront devant moi , et » libre , vous jouirez du spectacle de votre » grandeur d'ame , ou j'aurai vécu.

Un pareil billet , où , quoiqu'Eponine fut censée dans la même prison que Zima , son nom même n'était pas prononcé , ne semblait pas fait pour guérir la blessure profonde de la jeune héroïne : aussi , de

ce moment , elle cessa d'être elle-même ;
une léthargie mortelle vint enchaîner l'activité de son intelligence , et toute sa gaie
té naturelle disparut.

De son côté , le Philosophe , à qui la
vie n'était chère , que parce qu'il la partageait avec sa fille , était bien embarrassé
sur les moyens de charmer ses longues
douleurs. Lorsqu'au milieu de ses épanche-
ments de cœur , il évitait de parler du
chevalier , Eponine , absorbée , ne l'écou
tait pas ; lorsque, pour la tirer de sa rêve
rie , il prononçait ce nom si odieux et si
cher , l'infortunée versait un torrent de
larmes, et priait son pere de changer d'entretien.

Le Sage vit qu'il ne fallait pas heurter ,
avec violence , la première passion d'un
cœur , qui joint à l'énergie de la sensibilité la conscience de sa vertu ; il laissa au
temps et à la raison sublime de sa fille ,
le soin de la guérir; et à force de distraire
son imagination par le spectacle des monuments , des mœurs et des loix de la

douvelle Babylone, où il se condamnait à
vivre, il parvint peu à peu à lui rendre
moins amers les moments, où elle était
condamnée à ne voir personne entre son
père et son cœur.

———

CHAPITRE XLIV.

DU PANTHÉON
FRANÇAIS

ET DES APOTHÉOSES

C'EST à cette époque, que Platon con-
duisit sa fille dans le temple célèbre, où
l enthousiasme du patriotisme avait fait dé-
poser la cendre de Mirabeau.

Eponine ne put se défendre d'une sorte
de recueillement religieux, quand elle se
vit en présence de ce magnifique Panthéon : quand ses yeux mesurérent les
colonnes de ce beau Péristyle, copié d'a-
près le temple antique de Minerve : quand
son gout put admirer les proportions de
ce monument d'architecture , qui nous
rappelle les chefs-d'œuvres du siècle de
Périclès. Elle félicita alors intérieurement
la France d'avoir eu le courage de chasser

d'une pareille Basilique l'humble bergere de Nanterre , pour y loger ses grands hommes.

L'héroïne , encore dans le péristyle , témoigna à son pere, tout le plaisir qu'elle se promettait, de contempler dans l'auguste Sanctuaire les bons Rois dont s'honore non seulement la France , mais encore le genre-humain. Il y sera , disait elle , ce Charlemagne , qui ayant à régir des barbares , les éleva par ses loix à la hauteur de son génie : j'y verrai ce bon Henry-Quatre que l'infortune n'aborda jamais , sans cesser de l'être : ce Lou s Quatorze même qui , malgré quelques actes de despotisme , et l'orgueil d'un trône qu'il avait relevé, a sçu donner à la France une attitude si imposante dans l'Europe, par son siècle de lumières et ses victoires.

L'Évéque du Calvados était là : cet Évéque du Calvados qui , ministre de la religion du Christ , assurait, dans la Chaire de vérité , que le Christ n'avait été

crucifié que par des Aristocrates : il abordé
l'héroïne , et d'une voix , qui avait l air d'ê-
tre modeste , parceque l'admiration pour
tant de charmes la rendait timide : belle
étrangère , dit il , car l'ingénuité de votre
ignorance m'atteste que vous n'étes pas
Française , permettez moi de rectifier un
peu vos idées sur le dessin de ce monument érigé par la Patrie à la mémoire de
ses grands hommes.

La France est libre , et de ce moment ,
la page qui consacrait la grandeur de ses
Rois , est déchirée de son histoire.

Ainsi, dit le vieillard , il suffit qu'un peuple change son gouvernement , pour que
la race ant que de ses Dieux tutélaires soit
anéantie : ainsi Rome sous ses Consuls a
du proscrire la gloire de Numa ; Rome sous
les Papes a du faire le procès à la mémoire
de Marc Aurèle.

Je le pensais , dit l Évêque , mais c'est
vous qui l'avez dit.

Il me semble , dit Eponine , que je ne

penserais ni ne dirai un pareil blasphéme, si j'avais le bonheur de vivre dans une Mo. narchie——

Nous sommes seuls sous ce portique ; écoutez tous deux un secret important , que ma franchise confie à votre vertu.

L'Assemblée Constituante a ébranlé le trône , nous plus conséquents nous allons le détruire : Louis Seize est le dernier Monarque qui pèsera sur nous , et la France une seconde fois régénérée , va cesser d'être Monarchie.

Alors s'opérera une justice grande et mémorable. A un seul signal tomberont tous les orgueilleux simulacres de la féodalité , et la terre, par nous, sera vengée des crimes de ses Rois.

Alors s'écroulera d'elle même cette mas. se indigeste et incohérente qui compose le Code Français , fruit du travail sans base de nos régénérateurs : où l'on admet à chaque ligne le principe insolent pour la majesté du Peuple Souverain , QU'UN SEUL

HOMME CONSTITUE LE RESSORT CENTRAL D'UN EMPIRE , et non la puissance éternelle des piques et des bayonnettes.

Alors le patriotisme de vingt millions de bras abbattra dans toute l'étendue de la France , ces statues des Monarques , qui du haut de leur base insultent à la misère des peuples et à leur esclavage.

Quoi ! dit la sensible Eponine , Henry-Quatre même , le Titus de son pays verrait sa mémoire proscrite ! on irait abbattre sa statue auguste au sein de sa Capitale , que son règne rendit heureuse , et où il fut assassiné !

D'autres répond le hardi Pontife, vous diraient qu'Henry Quatre ne fut pas un Roi Constitutionnel : moi , je suis plus franc ; et je lui trouve un crime inexpiable : il fut Roi.

A ces mots, Eponine emportée , par un mouvement machinal , se retire derrière le Philosophe , couvrant de sa main ses yeux qui ne peuvent pleurer : comme si , cé-

dant

dant à un pénible effroi, elle eut voulu interposer son pere entre elle et le blasphéme.

En ce moment, s'ouvrent les portes du Panthéon, et la partie achevée de l'intérieur de l'édifice s'offre à l'admiration d'Eponine.

A cette époque, il n'y avait encore, dans le temple de la Patrie, que deux hommes, dont on eut jugé la cendre digne des honneurs de l'apothéose.

Les premiers regards du pere et de la fille se portèrent sur le buste de Mirabeau; et ils ne purent, sans une espèce de saisissement, observer que cet homme extraordinaire, qui avait été perdu quarante ans pour la Patrie et pour l'honneur, au moment ou il se réveillait pour le génie et pour la vertu, n'existait déjà plus que pour l'histoire.

Cependant l'homme du Christ, qui s'intéressait non au salut mais au patriotisme d'Eponine, ne la perdait pas un moment de vue. Étonné de son saisissement, dont il démêlait mal la cause : cette image, dit-il, est celle d'un homme, qui a éfleuré la cause de la liberté ; il était né avec du génie, mais il s'est méfié de ses moyens : c'est un Hercule dégénéré, qui n'a pas osé couper toutes les têtes de l'hydre de la Royauté, et plonger la Monarchie dans la tombe de Louis Seize. Cette timide circonspection lui ôte tous ses droits à la reconnaissance des siècles ; et si Mirabeau eut une statue au déclin du Royaume de France, elle sera brisée, à l'aurore de la France République.

Eponine tombait de surprise en surprise; son pere, en lui serrant la main, lui fit pressentir le danger de répondre ; ensuite l'entraînant vers le char funèbre de Voltaire, voici un beau génie, dit-il; je vois que du moins la France régénérée conservera les arts qui, depuis deux cents ans, lui ont créé une grande influence dans l'Europe, les arts qui apprivoisent les tigres de la politique, et qui entourent encore de quelques rayons de gloire la longue vieillesse des Monarchies.

L'Évêque du Calvados , qu'Eponine
fuyait , se trouvait toujours auprès d'elle.
Ce n'est pas , dit-il , comme Patriarche des
arts et des lettres , comme un homme supérieur, qui a mené cinquante ans ses contemporains avec le scèptre de l'opinion ,
que Voltaire se trouve ici : on lui a érigé
ce mausolée , parcequ'il a prédit la révolution , parcequ'il l'a préparée par sa révolte contre tous les préjugés reçus , et
surtout , ajouta l'homme de Dieu , parcequ'il a couvert de ridicule la religion in-
tolérante , dont on m'a fait le ministre.
Les prêtres, que son génie avait dévoilés ,
avaient eu la maladresse, à sa mort, de refuser un dernier azile à sa cendre , et la
France libre a trouvé digne d'elle que
celui , à qui le fanatisme avait refusé un
tombeau , reçut de sa main les honneurs
de l'apothéose.

Quant aux arts , ils n'entrent point dans
les élémens philosophiques de la liberté
Française : les arts sont le piége, avec le

Y 2

quel les Rois enlassent les peuples qu'ils
veulent dévorer : commme le fait entendre l'auteur d'Emile , qui les maudit toute
sa vie , en les cultivant jusqu'à sa mort.

Junius Brutus , Guillaume Tell , ces
héros sublimes de la liberté , ne cultivaient
point les arts : s'ils avaient été hommes de
lettres , Rome aurait été cinq cents ans de
plus sous le despotisme de ses Tarquins ,
et la Suisse généreuse serait encore aujour-
d'hui le patrimoine obscur de la Maison
d'Autriche.

Malheur aux arts , si , comme mon bon
génie m'en assure , le systéme terrible et
vrai de l'égalité achève , au milieu des torrents d'un sang impur, la conquéte de la
Monarchie éteinte de Louis Seize !

Alors ce ne sera plus sourdement, et par
des machinations clandestines , comme
nous l'avont fait jusqu'ici , que nous atta-
querons les arts et les lettres : nous porterons
le fer et la flamme autour de ce repaire
brillant mais infect des tyrans et des adu-

lateurs ; et si les lumières ont arraché la
France au despotisme , son ignorance heureuse sera la providence tutélaire qui la
conservera.

Mon civisme brulant s'applaudit déjà de
la foule d'holocaustes qui en résulteront
sur l'autel de la Patrie. Je vois les torches
des amis des droits de l'homme embraser
les chefs d'œuvres d'architecture , où la
race des Bourbons repose sa mollesse et
son orgueil ; je vois le bronze de leurs statues , que le ciseau du génie avait vouées
à l'eternité , se convertir en bouches de
feu, pour vomir la mort sur les champs de
bataille.

Et si jamais le grand systéme du Républicanisme parvient en France à sa perfection, il n'y restera plus aucun de ces livres,
conservateurs des lumières , dont s'honore
sa crédulité : nous répéterons le fameux
dilemme du Calife qui brula la bibliothé-
que d'Alexandrie : ou ces ouvrages sont
d'accord avec le nouveau Code , et alors
ils sont inutiles , ou ils le contredisent , et

alors ils sont dangereux ; et dans les deux
hypothèses il faut les anéantir.—

Eponine, pendant ce discours , avait conservé le silence de l'abbattement : ses yeux
courbés vers la terre n'osaient s'élever à
la hauteur des Mausolées : son ame sans
énergie semblait faire effort contre le poids
qui l'oppressait : mon pere , dit-elle enfin
d'une voix étouflée , je ne suis pas bien ici ;
allons respirer un moment sous un ciel
plus pur que celui de ce Panthéon.

Le Philosophe était plus calme , et ses
regards éloquents demandèrent à sa fille
un nouveau délai.— Je conçois aisément ,
dit-il , une République organisée, d'après le
génie terrible mais conséquent,desGenseric,
des Attila , des Pizarre et du Saint-Office :
mais enfin la France a voulu , pour l'exemple du monde , ériger un monument à la
mémoire de ses grands hommes ; cette idée
sublime avortera-t-elle dans son germe ?
on n'a encore logé que deux personnages
célèbres dans le Panthéon , et déjà on
pressent le moment où ils en seront ban-

Voila donc ce Cyrus, de crimes surchargé,
Qui par l'apothéose évita le supplice –
En Dieu, de son vivant, ce roi fut erigé :
　　　　Mais l'histoire en fera justice .

nis ; quels sont donc les demi-Dieux de la
Patrie que le civisme y placera ?

Ces demi-Dieux, répond l'homme saint,
seront tout ce qui jurera , comme Rome ,
une guerre immortelle aux Rois , tout ce
qui ne reconnaitra d'être suprême que le
Peuple Souverain : ce sera le Prussien qui
s'intitule Anacharsis , ce sera moi peut-
être : l'obscurité des noms n'éloignera personne de l'auguste sanctuaire : on est toujours assés illustre , quand on se mesure
avec les têtes couronnées.

Fort bien, dit le vieillard , mais quel sera
le garant de l'éternité de vos apothéoses ?

La force populaire, répond l'Évêque :
cette force nous a créés, et elle nous conservera.

Ainsi , ajouta le Sage , vous ne comptés
pour rien l'histoire , qui commence par
éclairer les crimes de la force , et qui finit
souvent par les punir.

Ministre des autels , je veux reconnaitre

Y 4

votre confiance en moi par une anecdote ,
dont mes voyages en Orient m'ont rendu
le dépositaire.

Gengiskan , dans le cours de ses conquétes en Asie , trouva une statue de ce
fameux Cosrou , le brigand couronné de
la Perse , dont nos grammaires sans principes ont fait Cyrus : le ciseau bisarre et
grossier de l'artiste l'avait représenté sous
le costume de législateur , et il était difficile à reconnaitre : le conquérant interroge un Sage de Samarcande, qui, trop près
de la tombe , pour dissimuler la vérité à
un des fléaux de la terre , eut le courage
de lui répondre.

Le voilà ce Cyrus, de crimes surchargé,
Qui , par l'Apothéose , évita le supplice :
En Dieu , de son vivant , ce Roi fut érigé ;
Mais l'histoire en fera justice.

FIN

DU TOME III.

TABLE

DES CHAPITRES.

F I N

DE LA TABLE DES CHAPITRES.

www.ingramcontent.com/pod-product-compliance
Lightning Source LLC
Chambersburg PA
CBHW060125200326
41518CB00008B/937